Zu diesem Buch

„Ein selten gutes Jugendbuch.“ VJA Vereinigte Jugendschriften-Ausschüsse, Landesverband Baden-Württemberg

„Das Buch wird besonders für Mädchen, die vielleicht auch die Wunschvorstellung haben, einmal als Haustochter ins Ausland zu gehen, eine interessante Lektüre sein.“ Arbeitskreis „Jugend und Buch“, Detmold

„Das Buch kann wärmstens empfohlen werden.“ VJA, Landesverband Bayern

„Informationen über englisches Leben, Denken und Gebräuche zeigen Margot Kreuter als Kennerin der Verhältnisse. Ihre Fähigkeit, Gefühle und Reaktionen überzeugend darzustellen, verraten psychologisches Feingefühl.“ VJA, Gesamtverband Niedersächsischer Lehrer

„Ein ausgezeichnetes Jugendbuch ... wie es nur das Leben schreiben kann.“ VJA Landesverband Rheinland-Pfalz

MARGOT KREUTER

Mein Jahr in England

Schneider-Buch

Inhalt

Wichtige Informationen über Auslands-Jobs und über einen Mustervertrag für Au-pair-Mädchen auf S. 170, 171.

Jane plant eine Englandreise

Es war ein Tag wie jeder andere. Im Einerlei des Alltags wird unser Schicksal bestimmt, und immer beginnt alles harmlos – besonders die Dinge, die später eine entscheidende Wendung nehmen – und selten deutet etwas auf eine solche Entwicklung hin.

Vielleicht ist es nicht üblich, daß ein junges Mädchen mit achtzehn Jahren zwar viele Berufswünsche, aber kein eigentliches Ziel vor Augen hat. Doch den Wunsch, nicht länger auf Kosten meiner Eltern dahinzutreiben, hatte ich mit vielen meiner Mitschülerinnen gemeinsam: Ich wollte etwas leisten, wollte mir die Mittel für mein Studium selbst verdienen. Das glaubte ich, mir schuldig zu sein.

Meine Eltern waren anderer Ansicht. Aber wann denken Eltern schon wie ihre Sprößlinge? Und wenn sie es tun, dann mit sehr viel Skepsis und Vorbehalt.

Es war jedenfalls ein ganz normaler grauer Freitag, an dem ich meinen Entschluß, ein Jahr in England zu arbeiten, bekanntgab. Ich hatte gerade mein Abitur gemacht. Die Schule war für mich im Augenblick eine Institution, an die ich mich nicht gern erinnern ließ. Natürlich schrieben meine Eltern mein Vorhaben diesem Umstand und den vorausgegangenen Aufregungen zu. Zugegeben, ich war niemals Klassenbeste, ich war keine Musterschülerin, und das letzte Jahr hatte meine Kraftreserven aufgezehrt. Doch mein Entschluß wurde davon nicht bestimmt.

„Bitte versteht mich richtig", sagte ich in die entstandene Unruhe hinein. „Im Augenblick kann ich mich für kein bestimmtes Studium entscheiden. Ich bin leer und ausgebrannt. Restlos. Ich brauche Abstand – von allem!"

Meine Mutter war irritiert, mein Bruder grinste. Wir saßen bei unserer Freitagabend-Runde – wie wir die Diskussion um den jeweils vorausgegangenen Dokumentar-Fernsehfilm nannten. Durch diese Diskussion wollten unsere Eltern unser Urteilsvermögen schulen und unseren Mut zur Meinungsäußerung fördern. Der tiefere Grund dafür mochte sein, daß sie uns gern an einem Abend in der Woche zu Hause haben wollten. An diesem Abend luden sie keine Gäste ein, und Vater traf für diesen Abend keine geschäftlichen Verabredungen. Freunde von uns aber waren jederzeit willkommen. Sie kamen gerne, und im Winter saßen sie oft dicht gedrängt im Wohnzimmer. Aber auch ohne sie fiel es uns nicht schwer, an diesen Abenden zu Hause zu bleiben. Unsere Unterhaltungen waren stets interessant. Meine Eltern konnten wunderbar aufgeschlossene Gesprächspartner sein. Sie behandelten uns wie Erwachsene, verfielen nie in diesen „Das-wissen-wir-besser-Ton", der uns an manchem Lehrer so gereizt hatte, und versuchten auch nicht, unsere Meinungen zu beeinflussen.

Doch dieser besondere Abend versprach zum erstenmal ungemütlich zu werden.

„Deine England-Idee hängt doch nicht etwa mit dieser Ralf-Geschichte zusammen?" fragte meine Mutter. Mein Vater räusperte sich. Mein Bruder grinste von einem Ohr zum anderen.

„Darüber bin ich längst hinweg!" brauste ich auf. „Wenn Ralf meint, Karin passe besser zu ihm – ich habe nichts dagegen. Jugendfreundschaften halten ohnehin nicht ewig, es war also vorauszusehen!" Meine Worte klangen großartig, wenn mir auch vor wenigen Wochen noch gar nicht so zumute gewesen war. Jedenfalls bemühte ich mich um Haltung, und niemand konnte sagen, daß mir das nicht gelungen war.

Doch wie immer unter bestimmten Blicken meiner Mutter fühlte ich mich durchschaut. „Ralf meinte auch, ich sei zu verwöhnt. Wirklich, Mama", sagte ich einlenkend. „Ich möchte endlich einmal auf eigenen Füßen stehen. Viele Mädchen arbeiten im Ausland. Ich könnte ja auch nach Frankreich . . ."

„England wäre mir schon lieber, wenn es unbedingt sein muß", sagte Vater. Ich jubelte innerlich. Doch seine nächsten Worte dämpften meinen Übermut. „In London habe ich Freunde, die dir sicher gern behilflich sind, wenn ich sie darum bitte. Aber warum in aller Welt willst du in einem Haushalt arbeiten? Du könntest eine Schule besuchen, ein gutes Fremdsprachen-Internat, wenn du nicht eine Verschnaufpause lang zu Hause bleiben willst. Es gibt viele andere Möglichkeiten, deine Sprachkenntnisse zu erweitern."

„Ich möchte Geld verdienen, möchte für meinen Unterhalt arbeiten, versteht ihr das nicht?"

„Seltsame Ideen hast du", stellte mein Bruder fest. „Eigen warst du ja schon immer, aber so verrückt noch nie!"

„Was ist daran seltsam?"

„Zankt euch nicht immer! Und du sei nicht ungezogen zu deiner Schwester, Werner!" rügte mein Vater. Jetzt war die Reihe zu grinsen an mir, leider aber nicht für lange. Vaters Worte gefielen mir nicht. „Wenn du durchaus eine Weile arbeiten willst", sagte er, „habe ich nichts dagegen. Bei uns im Verlag werden immer tüchtige Mitarbeiter gebraucht. Du hast im vergangenen Jahr Stenografie und Maschineschreiben gelernt – wozu, weiß ich bis heute nicht. Ich könnte dich also bei uns unterbringen. Es muß doch nicht gerade Hausarbeit sein."

„Aber gerade darum geht es mir!" sagte ich. „Ich möchte Land und Leute kennenlernen, mit ihnen in ihrer Muttersprache sprechen, nichts anderes, kein deutsches Wort!"

„Gefällt es dir nicht mehr zu Hause?" fragte meine Mutter vorwurfsvoll.

„He", sagte mein Bruder, „vielleicht will sie bald heiraten. Alt genug wäre sie ja!"

„Ich will ganz einfach fort!" sagte ich störrisch, sah aber ein, daß es im Augenblick zwecklos war, weiter darüber zu diskutieren. Ich mußte meine Eltern allmählich für meinen Plan gewinnen. Hätte ich damals gewußt, was mir in England bevorstand, vielleicht hätte ich ihn hier und jetzt begraben. Aber mein Kopf war voll von romantischen Ideen. Ich träumte von Freiheit, fremden Städten und unbekannten Menschen. Ich wollte keine Professoren und keine Schulbücher mehr sehen, wollte frei sein, endlich frei . . .

Doch zunächst setzte ich mich vor eine Schreibmaschine in einem Büro. Ich möchte nicht behaupten, daß mir Büroarbeit zuwider gewesen wäre, doch langes Stillsitzen hatte ich immer schon gehaßt, und die Vorstellung, an hellen Sonnentagen in einem muffigen Raum über endlosen Zahlenkolonnen brüten zu müssen, war auch nicht gerade einer meiner Lieblingsträume. Aber ich wußte, daß dies der einzige Weg war, meine Eltern vom Ernst meines Arbeitswillens zu überzeugen.

Ich hatte es mir nicht so schwer vorgestellt. Hier wurde ich zum erstenmal in meinem Leben ganz klein und fühlte mich zu gar nichts nütze. Von acht Uhr morgens bis fünf Uhr nachmittags füllte ich Anzeigenformulare aus, tippte Briefe, schrieb Rechnungen und übertrug die Rechnungssummen in eine Kartei. Für diese Arbeit bekam ich am Monatsende 300 DM netto und jeden Mittag ein Kantinenessen zum verbilligten Preis. Ich saß mit einem Mädchen zusammen, das Susi hieß. Susi war klein, lebhaft und eine perfekte Stenotypistin mit der unwahrscheinlichen Gabe, vielerlei Dinge gleichzeitig zu tun. Vor allem aber konnte sie Maschineschreiben. Sie schrieb mit nachtwandlerischer Sicherheit. Sie schrieb sogar, während sie sich mit Kollegen unterhielt, mampfte ihr Brot und schrieb. Oft starrte sie aus dem Fenster, ihr Blick schweifte umher und kehrte zu den geheimnisvollen Zeichen auf ihrem Stenogrammblock zurück, während ihre Finger in wildem Rhythmus über die Tasten jagten. Eine Unterbrechung gab es nur, wenn ein neues Blatt einzuspannen war. Radieren mußte sie nie. Meine Briefe dagegen hatten tiefe Radierlöcher, und die Schreibmaschine war oft weiß vom Staub des Radiergummis. Ich bemühte mich sehr, eine brauchbare Büroangestellte zu werden, aber sosehr ich mich auch anstrengte, es gelang mir nicht, fehlerlose Schriftstücke zur Unterschrift vorzulegen. Gewissenhaft stenografierte ich, brachte es aber nie fertig, das Diktierte korrekt zu übertragen: Ich konnte mein Stenogramm nicht mehr lesen! Niemals, glaube ich, sind so viele Briefbogen in einem Büro vergeudet worden wie in der Zeit meiner Bürotätigkeit. Nie habe ich so oft aus dem Fenster gestarrt, vor dem die Zweige einer Akazie sich im Wind bewegten, nie sehnsüchtiger auf die elektrische Uhr an der Wand geblickt als im Büro jenes Zeitungsverlages, in dem mein Vater Redakteur war.

„Wenn du Journalistin werden willst, mußt du den ganzen Betrieb kennenlernen, damit du weißt, worum es geht", hatte mein Vater gesagt.

Ich wollte nicht Journalistin werden, sondern nach England gehen, in einem Haushalt arbeiten, in einem großen Park spazierengehen, den guten Duft einer großen Küche atmen und abends am offenen Kamin sitzen und ins Feuer sehen.

Mein Abteilungsleiter erwies mir mehr Verständnis. Noch bevor meine Probezeit beendet war, hatte er eine Unterredung mit meinem Vater. Ich weiß nicht, was sie sprachen, aber das Ergebnis war wunderbar, denn es ebnete mir den Weg nach England. Meine Träume sollten sich erfüllen. Ich ging einer glanzvollen Zukunft entgegen – dachte ich!

Meine Eltern schrieben an ein Stellenvermittlungsbüro in London, und Tag für Tag wartete ich auf Angebote. Nach zwei Wochen erhielt ich deren fünf. Drei davon schieden von vornherein aus, da es sich um Stellen in Londoner Stadthaushalten handelte. Ich wollte nicht in einem Häusermeer begraben sein. Ich wollte hinaus, aufs Land.

Ein weiteres Angebot kam von einer Arztfamilie mit vier kleinen Kindern. Ich hatte da so meine Zweifel. Nichts gegen kleine Kinder, wenn sie mir einzeln begegneten, aber gleich vier ... Das roch nach Kinderwindeln, Masern und nächtlichem Geschrei. Der Brief war in reizendem Ton geschrieben, und die Hausherrin hieß mich als große Tochter in ihrem Haus willkommen. Doch beim nochmaligen Lesen entdeckte ich auf der Rückseite des Briefes die Mitteilung, daß bereits ein anderes deutsches Mädchen bei ihr beschäftigt sei. Das entschied die Angelegenheit.

Ich hatte vor, Englisch zu lernen und wollte mich nicht mit einem deutschen Mädchen in meiner Muttersprache unterhalten.

Das letzte Angebot klang recht verheißungsvoll: Ein wohlhabendes, kinderloses Ehepaar suchte eine deutsche Hausangestellte für ein Haus mit sieben Zimmern. „Unser Haus steht in Surrey in einem Park neben unserer Farm, dreißig englische Meilen von London entfernt, in Newdigate", stand in dem Schreiben. „Wir sind nur zu zweit, mein Mann, Mr. Kempster, der schon sechzig Jahre alt ist, und ich. Ich wurde im vergangenen Jahr operiert und muß mich sehr schonen. Tennis und Reiten sind mir im Augenblick nicht erlaubt, aber ich bin nicht bettlägerig. Unser Haus ist modern eingerichtet. Ihr Wohn-Schlafzimmer hat elektrische Heizung, Radio und gemütliche Möbel und ist sehr nett. Es arbeiten viele Leute auf unserem Gut, und einige deutsche Mädchen arbeiten in der Nachbarschaft. Sie haben jeden Nachmittag einige Stunden frei und einen ganzen freien Tag in der Woche. Es ist hier wirklich wunderschön, und alle Leute auf dem Gut sind freundlich. Wann dürfen wir Sie bei uns willkommen heißen?"

„Sieh dir das an, Mama", sagte ich. „Ist das nicht besonders nett? Genauso habe ich es mir vorgestellt! – Ein Farmhaus auf dem Land! – Ich glaube, das sollte ich nehmen!"

Meine Mutter nahm den Brief und begann zu lesen. Wir saßen unter dem großen Birnbaum im Garten. Lilli hatte uns den Kaffee herausgebracht. Um unsere Teller summten Bienen. Die Gladiolen standen in voller Blüte. Ein Segelboot trieb auf dem

Rhein, am anderen Ufer badeten Kinder. Es war ein wundervoller Tag ... „Ich weiß nicht“, sagte meine Mutter, „hier steht gar nichts über deine Arbeit, schließlich sollst du nicht in Urlaub fahren! Sie hätte doch erwähnen müssen, was sie von dir erwartet, welche Arbeit du verrichten sollst und so weiter ...“

Ich suchte ihre Bedenken zu zerstreuen. „Vielleicht sucht sie nur eine Gesellschafterin, wenn sie doch eine ältere Dame ist“, sagte ich. „Dazu ein bißchen Hausarbeit, bei der ich helfen soll, das wäre ja nicht weiter schlimm. Möglicherweise brauche ich ihr nur vorzulesen, sie auf ihren Spaziergängen zu begleiten, wie – na, wie eine richtige Gesellschafterin eben.“

„Das gibt es nur noch in Romanen“, sagte meine Mutter. „Und von Hausarbeit verstehst du doch gar nichts!“

Diesen Einwand fand ich ungerecht. „Habe ich Lilli nicht oft genug beim Einmachen geholfen?“ erinnerte ich. „Und als Lilli Urlaub hatte und du krank warst, habe ich da nicht ein ganzes Menü gekocht?“

„Spiegeleier, Bratkartoffeln und Tomatensalat!“ erklang da die Stimme meines jüngeren, siebzehnjährigen Bruders. „Wenn du das ein Menü nennst ...“ Er war hinter meinen Stuhl getreten und beugte sich über den Brief. „Darf man lesen?“

„Finger weg!“ sagte ich. „Du bist und bleibst ein Flegel!“

„Müßt ihr denn immer streiten?“ mahnte meine Mutter. „Nun gib ihm schon den Brief, warum soll er ihn nicht lesen?“

„Na bitte!“ sagte ich gekränkt. „Wie immer, ganz auf seiner Seite! Ich finde, meine Angelegenheiten gehen ihn nichts an. Da, nun lies ihn schon!“ Halberwachsene Brüder können wirklich eine Landplage sein. Wenn Werner manierlich war, fand ich ihn ganz nett, aber wann war er das mal? „Na, was sagst du dazu?“ fragte ich ihn.

Er sagte nur: „Hm, hm.“

„Glaubst du nicht, daß das Haus ideal gelegen ist?“

„Auf das Haus allein kommt es wohl nicht an, oder? Laß die anderen Briefe mal sehen ... Aha! Warum gehst du nicht zu den Leuten mit den Kindern? Wo du doch selbst fünf haben willst.

Früher jedenfalls wolltest du das, wenn ich mich recht erinnere. Wäre das nicht eine gute Gelegenheit, dich darauf vorzubereiten?"

Ich schluckte meine Antwort hinunter. Sie hätte zu einem handfesten Streit geführt.

„Natürlich hat Jane es in einem kinderlosen Haushalt besser", warf meine Mutter ein.

„Weißt du was, Mama?" sagte mein hoffnungsvoller Bruder, „schreib doch du der Dame einen Brief. Wo es doch um deine Tochter geht! Ich ließe sie nicht einfach so in die Fremde ziehen. Später könnt ihr euch dann immer noch entscheiden."

„Ihr seid hoffnungslos unmodern! Ich bin alt genug, meine Entscheidungen selbst zu treffen", protestierte ich.

Aber meine Mutter hatte sich bereits für Werners Idee erwärmt. „Was ist daran altmodisch? Er hat recht. Der Brief dieser Mrs. Kempster ist reichlich unbestimmt. Mach nicht so ein Gesicht! Niemand will dir deine Entscheidungen abnehmen, Jane! Das können wir gar nicht. Jeder muß für sich selbst einstehen. Aber wir können dir deine Entscheidung erleichtern, und wer könnte dir besser dabei helfen als deine Mutter", sagte sie. Und sie hatte ja recht. Es war gar kein unangenehmes Gefühl, sich umsorgt und behütet zu wissen, selbst wenn man achtzehn Jahre alt und Abiturientin war. Manchmal hatte Werner auch brauchbare Einfälle. Der Tag war immer noch wunderbar. Und meine Mutter die beste Mutter der ganzen Welt.

Das Antwortschreiben kam postwendend. Wieder war es ein reizender, liebenswürdiger Brief: Meine Eltern brauchten sich nicht zu sorgen, ich würde gut aufgenommen sein. Es würde mir genügend Zeit für meine Sprachstudien verbleiben. Mrs. Kempsters Haushalt sei gut geführt, modern eingerichtet, mit einem Minimum an schwerer Arbeit und so weiter. Ganz zuletzt war zu lesen, daß Mrs. Kempster sich glücklich schätzen werde, Jane in die Geheimnissse der englischen Küche einzuweihen, und daß sie nie von jemandem etwas erwarte, was sie nicht selbst zu tun bereit sei.

Meine Mutter blieb skeptisch, aber Vater und Werner waren mit mir der Meinung, daß dies ein idealer Platz für mich sei. Vorsichtshalber kaufte meine Mutter mir ein Schulkochbuch. Ich fand das zwar höchst überflüssig, aber ihre Fürsorge tat mir wohl.

Drei Wochen später packte ich meine Koffer. Am Morgen des fünften Juni fuhr ich los.

Der Zug fuhr langsam an. Das Rufen der Süßwarenverkäufer blieb zurück, ein rotes Backsteingebäude, die breite Verladerampe, der Rangierbahnhof. Es ging ins Land hinaus.

Meine Eltern standen auf dem Bahnsteig. Mir war, als würge ich an einem dicken Kloß. Die Abteile waren überfüllt. Die Reisenden lehnten blaß und übernächtigt in den Polstern. Die Männer waren bärtig und schlechter Laune. Der Tauern-Expreß verließ fahrplanmäßig den Bahnhof.

Ich hatte Heimweh, noch ehe wir die Grenze passierten.

Als es heller wurde, ging ich in den Speisewagen und sah bei einer Tasse Kaffee in die Landschaft hinaus. Kirchtürme, Wiesen, Äcker, Wälder und Berge mit Ruinen mittelalterlicher Burgen glitten vorüber. Auf der anderen Seite der Rhein, breit und grünlich, mit den ersten Strahlen der Sonne auf dem Wasser. Nach jedem Tunnel entfernte sich der Zug weiter von den Bergen. Dann sah man plötzlich auch den Rhein nicht mehr, und wir näherten uns der Grenze.

Es war früher Nachmittag, als wir in Ostende ankamen. Die Luft war feucht und schwer und roch rauchig. Der Zug hatte Verspätung, und so machten sie bei der Zollabfertigung keine Schwierigkeiten. Das Fährschiff war trotz seiner weißen Pracht mit einem Ozeanriesen nicht vergleichbar. Als aber die Küste verschwunden war und man nichts weiter sah als grünlich schimmerndes Wasser und Wolken, war ich tief beeindruckt.

Ich trug ein neues, hellgraues Kostüm, einen fliederfarbenen ledernen Wildwest-Hut und genoß die bewundernden Blicke der männlichen Mitreisenden. Ein Steward eilte mit einem Liegestuhl herbei. Bevor ich ihn jedoch mit einem Trinkgeld belohnt hatte, begann das Schiff über hohe Wellenberge in tiefe Täler zu taumeln. Regen oder hochspritzende Gischt durchnäßten mich. Erst in Dover war alles vorbei, und es gab dort einen Zug, warme Polster und Schutz vor Regen und Sturm.

Gegen einundzwanzig Uhr erreichten wir London. Rauch stieg aus vielen kleinen Schornsteinen der Häuser entlang der Bahnlinie auf. An rußgeschwärzten Mauern ging es vorbei, und alles sah sehr traurig aus. Der Zug hielt, und die Leute machten sich fertig zum Aussteigen. Dienstmänner ergriffen die Gepäckstücke und man drängte auf dem Bahnsteig zur Sperre.

Ein Blick in den Taschenspiegel zeigte mir ein grünlich-graues Gesicht, ein zerknautschtes Kostüm, wirre Haare und farblose Lippen. Eilig brachte ich mein Äußeres in Ordnung und stieg aus. Es war verabredet, daß ich als Erkennungszeichen eine rote Schleife am Kostümkragen trage. Ich hatte Mrs. Kempster zwar eine Fotografie von mir geschickt, aber um ganz sicherzugehen, bestand sie auf diesem zusätzlichen Erkennungszeichen. Jetzt suchte ich vergebens in meinen Taschen nach dieser Schleife. Im Kampf mit der Seekrankheit mußte ich sie verloren haben. Aber mir war nun alles egal.

Ich wartete, bis die Reisenden sich verlaufen hatten, und blieb mit meiner Reisetasche auf dem Bahnsteig zurück. Irgendwo würde ich schon ein älteres Ehepaar entdecken, hoffte ich, das meinen Vorstellungen entsprach.

Aber was ich sah, waren Zollbeamte, die sich an der Rampe mit meinen Koffern abmühten. Daneben stand ein älterer Herr mit einem Schnauzbart und einem traurigen Bernhardiner-Gesicht, kahlköpfig, klein und dick. Die Dame neben ihm überragte ihn um Kopfeslänge. Ein Filmstar mit ihrem Manager, dachte ich. Der Filmstar trug einen schimmernden schwarzen Mantel aus glänzendem Atlas, lange schwarze Handschuhe, einen großen schwarzen Hut. Sie war bühnenfertig geschminkt, das konnte man sogar aus dieser Entfernung sehen. Ich starrte sie unhöflich-neugierig an.

Das Paar flüsterte miteinander. Der Herr setzte sich in Bewegung, kam auf mich zu, machte eine Verbeugung und sagte: „Miß Jane? – Ich bin Mr. Kempster!“

Der „Filmstar“ war seine Frau.

Nachdem sie mich samt Koffern in einer schwarzen Limousine verstaut hatten, brausten sie mit mir davon. Mr. Kempster saß am Steuer. Die Straßenbeleuchtung fiel voll auf Mrs. Kempsters Gesicht. Sie sah nicht älter als dreißig aus. Ihre Stimme hatte einen angenehm melodischen Klang. Von seinen Begrüßungsworten abgesehen, überließ er das Gespräch ganz seiner Frau, die mich eifrig examinierte.

Wir fuhren rund um den Piccadilly-Circus, vorbei an Westminster mit einem erleuchteten Big Ben und über die Westminster-Brücke nach Surrey. Wir hatten dreißig Meilen zu fahren, das sind ungefähr fünfundvierzig Kilometer. Der Wagen war überheizt. Es regnete, und die Fenster mußten geschlossen bleiben, da Mrs. Kempster keine Zugluft vertrug. Da sie anscheinend überreichlich Chanel Nr. 5 benutzte, schwamm ich in einer Duftwolke, vermischt mit Benzindünsten und kaltem Zigarrenrauch, und hatte Mühe, mich auf ihre Fragen zu konzentrieren. Die ganze Fahrt über fürchtete ich, mir würde wieder übel.

Mein Englisch war katastrophal kümmerlich. Dabei hatte ich in Englisch immer eine Drei gehabt. Ich war sehr stolz darauf gewesen – im Gegensatz zu meinen Leistungen in Mathematik. Jetzt mußte ich erkennen, daß meine Sprachkenntnisse gerade zum Stammeln einiger Phrasen ausreichten. Die Hälfte von Mrs. Kempsters Worten bekam ich nicht mit. Ich sagte zusammenhanglos: „Ja, ich hatte eine gute Überfahrt. Es war sehr stürmisch. Meine Eltern lassen Sie grüßen. Ich freue mich auf Ihre Farm und Ihr Haus. Hoffentlich fühlen Sie sich wohl, Mrs. Kempster.“ Ich war heilfroh, als wir endlich an dem Straßenschild Newdigate bei Dorking, Grafschaft Surrey, vorüberkamen.

Mr. Kempster fuhr durch einen dunklen Waldweg, über eine kiesbestreute Einfahrt in das Licht einer Laterne, die eine Steintreppe und ein paar regennasse Bäume erhellte. Er stieg aus und öffnete die rechte Wagentür, um seiner Frau aus dem Wagen zu helfen. Ich begriff, daß meine Reise zu Ende war. Mr. Kempster fuhr den Wagen in die offene Garage. Ich nahm meine Koffer und folgte Mrs. Kempster ins Haus.

Wir traten in eine breite, mit Teppichen ausgelegte Halle. „Ich hoffe, Sie werden sich hier wohl fühlen“, sagte Mrs. Kempster und betrachtete mich. „Na ja . . . Wenn Sie sich nach meinen Anordnungen richten, werden Sie es gut bei uns haben.“ Sie trat vor einen hohen Spiegel, streifte langsam die Handschuhe ab und reichte mir ihren Hut. Ich wußte nicht, wohin mit dem Wagenrad, also stülpte ich ihn über das Telefon. „Nicht doch“, sagte Mrs. Kempster vorwurfsvoll. „Legen Sie ihn dort auf den Sessel, ich nehme ihn später mit hinauf.“ Ihre Haare waren rotblond, türkis die Lidschatten über dick getuschten Wimpern. Neben ihr kam ich mir wie eine Maus vor. Und genauso sah mich der Spiegel: breite Backenknochen, ein junges, eckiges Gesicht, mausgraue Augen, eine schulterlange Schulmädchen-Frisur, glatte braune Haare mit im Nacken endenden Außenspitzen, pummelige Beine, unansehnlich alles.

„Ich zeige Ihnen zunächst die Küche, dann führe ich Sie auf Ihr Zimmer. Sie wohnen nicht hier im Haus, sondern bei unserem Verwalter. Sein Haus steht bei der Farm, links vom Park. Er heißt Mr. Jay. Mit seiner Frau werden Sie sich gut verstehen, denke ich.“

Die Küche lag hinter der Halle gegenüber der Eingangstür. Sie hatte einen Fliesenboden und Hängeschränke. Elektroherd und Kühlschrank standen neben der Tür. Die Küche war klein, modern und ungemütlich. Das einzig Sympathische an der Einrichtung waren die Borde an der Wand über der breiten Spüle, auf denen Tassen und Teller und blinkendes Zinngeschirr eine gewisse Behaglichkeit verbreiteten.

Mrs. Kempster nahm eine Taschenlampe aus der Tischschublade. „Die gehört Ihnen. Sie brauchen sie auf dem Weg von und zum Gutshaus. Morgen zeige ich Ihnen alles andere. Für heute ist es wohl zu spät. Möchten Sie noch eine Tasse Tee? Aber vielleicht können Sie danach nicht gut schlafen. Also kommen Sie.“

Gegen eine heiße Tasse Tee hätte ich nichts einzuwenden gehabt, wagte aber nichts zu sagen. Gehorsam strebte ich der Halle zu. Mrs. Kempster rief mich zurück. „Hier geht's hinaus", sagte sie freundlich lächelnd. Sie öffnete eine Tür, die ich für einen Wandschrank gehalten hatte. Sie führte über einen dunklen Flur zu einer zweiten Tür, die sich in den Park hinaus öffnete. „Das hier ist der Dienstboten-Eingang", sagte Mrs. Kempster freundlich. „Der Vordereingang ist nur für uns und unsere Gäste bestimmt."

Ich war also ein Dienstbote. Wenigstens das war jetzt geklärt.

Ein trüber Mond stand über dem Park. Die Sträucher waren regennaß. Das Haus des Verwalters lag dunkel und still. Mrs. Kempster löschte die Taschenlampe und knipste das Flurlicht an. Mein Zimmer lag im ersten Stock. Die Einrichtung bestand aus einer alten Kommode, einem Kleiderspind, einem Korbsessel und einer schmalen Chouch, an deren Fußende zwei Schafwolldecken und zwei Bettlaken aus ungebleichtem Leinen lagen. Eine Waschgelegenheit hatte das Zimmer nicht.

„Und wo schlafe ich?" fragte ich.

„Auf dieser Couch, ich hoffe, sie gefällt Ihnen. Das Mädchen, das vor Ihnen hier arbeitete, sagte immer, daß es eine sehr gute Schlafchouch sei. Ihr Kopfkissen liegt im Kleiderspind."

Ich schluckte. „Und das Bad?"

„Sie können sich im Badezimmer des Verwalters waschen, es liegt am anderen Ende des Ganges. Wollen Sie bitte morgen früh um sieben Uhr in der Küche sein?"

Ich versprach, am nächsten Morgen um sieben Uhr in der Küche zu sein. Mrs. Kempster nickte zufrieden, wünschte mir eine gute Nachtruhe und ging. Ich zog meine Kleider aus und meinen Trainingsanzug und einen grobgestrickten Sweater an. Im Badezimmer wusch ich mir die Hände. Die Couch ließ sich nicht ausziehen, es war nur eine Liege. Ich machte mein Lager zurecht, stellte den Wecker auf sechs Uhr und legte mich in Trainingsanzug und Sweater hin.

Es war sehr kalt, und mir war übel. Es regnete noch immer.

Jane wird Mädchen für alles

Am nächsten Morgen schien die Sonne. Ich sprang auf, öffnete das Fenster und schaute hinaus: wolkenloser Himmel, ein leichter Wind, der durch die tropfenden Bäume strich, ein blühender Vorgarten, Rosenranken am Fachwerkgebälk neben meinem Fenster. Es war ein sehr altes Gebälk. Das erklärte mir nun auch die Geräusche, die mich in der Nacht aus dem Schlaf geschreckt hatten. Vermutlich arbeiteten Holzwürmer in den Winkeln, vielleicht waren es aber auch nur Mäuse beim nächtlichen Stelldichein gewesen. Neben dem Vorgarten sah ich einen Teil der Wirtschaftsgebäude, Ställe, Scheunen und den Geflügelhof vor einer sanften, grünen Ebene. Von Mr. Kempsters Haus sah ich nur den Giebel. Mächtige Ulmen und Akazien versperrten den Blick in die Ferne.

Ich zog mich an und ging hinunter. Eine grauweiße Katze hockte am Fuß der Treppe. Sie war mit ihrer Morgentoilette beschäftigt, blinzelte aber schläfrig, als ich sie lockte. „Wo geht's lang, Pussicat?“ fragte ich. „Wo sind denn deine Leute?“ Pussicat gähnte.

Im Halbdunkel des Ganges schimmerte der Messinggriff einer Tür. Ich ging darauf zu und klopfte „Come in!“ Gleichzeitig mit dieser Aufforderung wurde die Tür geöffnet. Ein Mann in Arbeitskleidern, in dem ich den Verwalter vermutete, kam heraus, sah mich aber nicht an. Er war ganz offensichtlich in großer Eile. Den Kopf vorgeschoben, strebte er nach draußen, murmelte im Vorübergehen: „How d' y' do?“, was vermutlich heißen sollte: „Wie geht es Ihnen?“, wischte mit dem Handrücken die Reste seines Frühstückseis aus seinem herabhängenden Schnurrbart und war verschwunden. Meine Antwort schien ihn nicht zu interessieren. Die Stimme, die mich vom Stubeninnern willkommen hieß, klang freundlich und warm.

Ich trat ein. Die Katze folgte mir. Die Küche, in der ich stand, war genauso, wie ich mir eine Farmersküche vorgestellt hatte: rauchig, rußgeschwärzt, mit einem großen offenen Kamin, in dem wuchtige Holzscheite zu beiden Seiten der Feuerstelle aufgeschichtet waren. Die Frau, die an dem breiten Eichentisch Teig knetete, sah auch so aus, wie ich mir eine Farmersfrau vorgestellt hatte, und ähnelte meiner Großmutter in ihren jungen Jahren. Sie war klein und mollig, hatte rosige Wangen und ein Bäuchlein, das sich unter der blaugestreiften Schürze wölbte. Ihr dichtes schwarzes Haar war von grauen Strähnen durchzogen. Sie mochte etwa Ende Vierzig sein.

Leider konnte ich nicht verstehen, was sie sagte. Mrs. Jay sprach Dialekt. Aber sie sprach es auf eine reizende Art und von einem warmherzigen Lächeln begleitet. „Sie sind also das neue Mädchen?" Und: „Hatten Sie eine gute Überfahrt?" war alles, was ich aus dem Redestrom entnehmen konnte, mit dem sie mich empfing. Wäre ich in Japan oder unter Chinesen gewesen, ich hätte nicht hilfloser sein und nicht weniger verstehen können. Das kann ja heiter werden, dachte ich, denn ich hatte tausend Fragen an Mrs. Jay. Aber so wie die Dinge lagen, mußte ich mich darauf beschränken zu lächeln, wenn sie lächelte, ernsthaft zu sein, wenn sie den Kopf schüttelte. Und dafür habe ich jahrelang Englisch gelernt, dachte ich, daß ich nun hier stehe und nicht weiß, wovon die Rede ist.

Vielleicht fühlte Mrs. Jay, was in mir vorging, jedenfalls unterbrach sie sich plötzlich und sagte in dem Englisch, das ich gelernt hatte: „Möchten Sie eine Tasse Tee? Ach nein, Sie werden sicher gehen wollen, Mrs. Kempster wartet wohl schon auf Sie!" Das war das zweite Mal, daß man mir eine Tasse Tee anbot und mir gleichzeitig die Annahme unmöglich machte. Es war vermutlich die gleiche nichtssagend-höfliche Geste wie die Frage: „How do you do?", für deren Antwort sich niemand interessierte.

Mrs. Kempster wartete tatsächlich schon auf mich. Bühnenfertig geschminkt und zum Auftritt bereit, kam sie durch die Halle in die Küche. Es war eine Minute vor sieben Uhr. Das andere

Personal war noch nicht angetreten. Ich war stolz darauf, die erste zu sein. „Guten Morgen, Mrs. Kempster“, begrüßte ich sie.

„Hallo, Jane! ... Was für einen hübschen Namen Sie haben! Es ist ein englischer Name, wissen Sie das? Nennt man Sie zu Hause auch so, oder haben Sie ihn sich für uns ausgesucht?“

„Ja, Madam! Nein, Madam!“

„Kommen Sie herein und machen Sie die Tür zu, es ist frisch heute morgen. Hatten Sie eine gute Nacht?“

Sie trug einen engen, schwarzen Pulli über engen, schwarzen Hosen. Schwarz schien ihre Lieblingsfarbe zu sein, kleidete sie aber auch besonders gut. Die schwere, doppelreihige Bernsteinkette fand ich allerdings nicht recht dazu passend. Auch die Frisur war zu üppig. Sie hatte ein großflächiges, sanftes Madonnengesicht, zu dem eine glatte Innenrolle besser gepaßt hätte als diese wild wogende Lockenfülle.

„Ja, danke, Madam“, sagte ich.

„Oh, gut!“ Sie strahlte, als sei es ihr Verdienst, daß ich gut geschlafen hatte. „Gefällt Ihnen Ihr kleines Reich?“ Ihre Handbewegung umfaßte die Küche. Wieso mein Reich? dachte ich. „Meine letzte Köchin habe ich wegen Unehrlichkeit entlassen müssen ...“ Aber wo war die jetzige? War es nicht bald an der Zeit, daß sie erschiene? jagten sich meine Gedanken. „Mit dem letzten Mädchen hatte ich viel Ärger. Sie kam aus Irland, deshalb habe ich mich entschlossen, wieder ein deutsches Mädchen einzustellen. In den fünfziger Jahren hatten wir ein deutsches Mädchen, sie kam durch die gleiche Vermittlung, die Ihnen bei der Beschaffung dieser Stelle behilflich war. Sie hieß Inge. Ein feines Mädchen! Sie war zwei Jahre bei uns, und es hat ihr sehr gut gefallen. Ich habe sie auf englische Art kochen gelehrt, und sie sagte, niemand kocht so gut wie meine Lady – können Sie gut kochen? Wir führen eine einfache Küche mit Rücksicht auf Mr. Kempsters hohen Blutdruck. Haben Sie schon auf einem Elektroherd gekocht?“

Ich schluckte. „Nein, Madam“, sagte ich.

Mrs. Kempster lächelte beruhigend. „Das macht nichts. Von

Gas auf Elektrik bedeutet keine große Umstellung, das lernen Sie rasch. Wenn Sie jetzt bitte das Wasser für den Tee aufstellen wollen ... Kochen Sie es auf der mittleren Platte, das ist der zweite Knopf. Mr. Kempster nimmt morgens zwei Scheiben Toast und nur Eier zum Frühstück, keinen Speck. Ich nehme eine Scheibe Toast. Den Tee nehme ich gern ohne Milch und ohne Zucker, nur mit einer Zitronenscheibe ..." Sie sah mich entschuldigend an. „Wegen der Linie. Nach dem Frühstück zeige ich Ihnen das Haus."

„Das Haus" lag noch immer totenstill. Ich fragte mich, ob wirklich kein anderes dienstbares Wesen in der Nähe sei. Es war zu unwahrscheinlich, daß sie sich mit mir würden begnügen wollen. Ich nahm den Wasserkessel vom Küchenbord, drehte den Wasserhahn auf und ließ das erste Wasser ablaufen, wie wir das zu Hause taten, bevor ich den Kessel zur Hälfte füllte. „Es ist nicht nötig, Wasser zu vergeuden", rügte Mrs. Kempster meine Vorsichtsmaßnahme. Ich hätte ihr erklären können, daß wir in Deutschland gut daran tun, das erste Wasser in den Abguß laufen zu lassen, aber ich dachte mir, daß es sie vielleicht nicht interessierte; außerdem hätte es für mich unnötiges Kopfzerbrechen bedeutet, denn so überwältigend waren meine Sprachkenntnisse nicht. Und mein Magen und meine Knie waren noch immer ziemlich schlapp. Seit vierundzwanzig Stunden hatte ich nichts mehr gegessen. Mein letztes Mittagessen hatte die See weggespült. Obwohl ich morgens ein schlechter Esser war und mich gewöhnlich mit einer Tasse Kaffee und einer Zigarette begnügte, wäre mir jetzt ein starker Kaffee und eine Schale frischer Brötchen herzlich willkommen gewesen.

„Wenn Sie den Tisch im Eßzimmer gedeckt haben, können Sie auch frühstücken", beantwortete Mrs. Kempster meine stumme Frage.

Während ich das Frühstück zurechtmachte und das Brot für den Toast aufschnitt, stand sie in der Tür und beobachtete mich. Smart, unpersönlich, eine Lady. Ich mochte sie nicht. Ihre Anwesenheit machte mich nervös und unsicher.

„Mr. Kempster bekommt beim Aufwachen einen Orangensaft serviert, aber nicht mehr als ein viertel Glas. Mir servieren Sie bitte genausoviel Zitronensaft, selbstverständlich mit warmem Wasser verdünnt und ab morgen natürlich auch im Schlafzimmer. Es ist dann Ihre Aufgabe in Mr. Kempsters Zimmer die Vorhänge zurückzuziehen und das Fenster zu öffnen. Meine Vorhänge bleiben geschlossen. Merken Sie sich das bitte. Wir möchten um halb acht Uhr frühstücken. Bitte wecken Sie uns um sieben Uhr fünfzehn. Wenn Sie um sieben Uhr hier sind, bleibt Ihnen genügend Zeit, die Teppiche in den unteren Räumen mit dem Teppichkehrer zu säubern und Staub zu wischen. Ihre anderen Arbeiten bespreche ich später mit Ihnen. Ach ja, noch etwas! Vor den übrigen Dienstboten halten Sie sich bitte zurück, wir lieben es nicht, wenn Sie zu engen Kontakt mit ihnen pflegen ...“

Es gab keine anderen Dienstboten. Sie meinte die Leute auf der Farm. Der einzige Dienstbote hier im Haus war ich! Was ich bereits geahnt hatte, wurde im Laufe des Morgens schreckliche Gewißheit. Ich wartete noch immer verzweifelt auf das Eintreffen des übrigen Personals, und deshalb sagte ich auch: „Das wird sich sicher nicht vermeiden lassen, Madame.“ Damit meinte ich, wenn man auf engem Raum mit jemandem zusammenarbeitet, bleibt es nicht aus, daß man sich menschlich näherkommt.

Mrs. Kempsters Stirn umwölkte sich. „Trotzdem wünsche ich, daß Sie sich an meine Anordnungen halten, Jane!“ sagte sie bestimmt. „Es gibt da ein deutsches Mädchen, das bei Freunden von uns arbeitet. Ich will Sie gern mit ihr bekannt machen, damit Sie sich nicht einsam fühlen.“

Nein, das wünschte ich eben ganz und gar nicht. Ich wollte meine englischen Sprachkenntnisse vervollkommnen, und dazu gehörte in meiner Vorstellung, meine Muttersprache völlig zu vergessen und vierundzwanzig Stunden am Tag Englisch zu sprechen, zu hören und zu lesen. Das erklärte ich Mrs. Kempster, die darüber erfreut zu sein schien.

„Oh, gut“, war ihre Entgegnung, „vielleicht wäre es auch kein entsprechender Umgang für Sie.“

Nach dieser rätselhaften Andeutung verließ sie mich. Ich war allein in der Küche. Das Wasser im Kessel fing leise an zu summen. Während ich darauf wartete, daß es kochte, blickte ich aus dem Fenster, das die rückwärtige Breitseite der Küche einnahm. Wie Mrs. Jays Küchenfenster hatte auch dieses keine Gardinen, sondern nur kurze Seitenvorhänge. Dadurch sah die Küche nackt aus, wie bei uns vor Ostern, wenn Lilli beim großen Hausputz die Gardinen abgenommen hatte. Wie aber würde die gardinenlose Küche an Regentagen wirken? Vermutlich kalt, unfreundlich und trostlos, wenn sie auch jetzt, im klaren Licht der Morgensonne, mit dem blühenden Park vor den Fenstern, den Gladiolen, Nelken und Rosenstauden im grünen Teppich des Rasens ein Gefühl von Weite, Ferien und verträumten Sommertagen vermittelte.

„Den Lunch pflegen wir um ein Uhr einzunehmen", sagte Mrs. Kempster hinter mir. Leise, wie sie gegangen war, war sie zurückgekommen und lehnte wieder am Türrahmen, als fürchte sie sich, die Küche zu betreten. „Damit Ihnen für Ihre morgendliche Putzarbeit genügend Zeit bleibt, nehmen wir nur einen kleinen Imbiß zum Lunch. Das Dinner nehmen wir um acht Uhr abends ein. Ihnen bleiben also nachmittags immer ein paar Stunden für sich, wenn wir keine Gäste haben. Heute abend haben wir keine Gäste mit Rücksicht auf Ihren ersten Tag bei uns, schließlich sollen Sie sich erst eingewöhnen. Ich dachte, daß wir heute Hasenbraten essen. Sie müssen also daran denken, den Ofen rechtzeitig vorzuheizen." Das alles sprudelte sie höflich, reserviert und im besten Cambridge-Englisch hervor. Ich hatte zwar niemanden bisher Cambridge-Englisch sprechen hören, nahm aber an, daß ein so ausgewähltes Englisch mit so geziertem Akzent gesprochen, nichts anderes sein konnte. Aus Mrs. Kempsters Mund klangen die banalsten Sätze wie eine Regierungserklärung Ihrer Majestät, der Königin. „Welche Soße servieren Sie zum Hasenbraten? Mr. Kempster liebt Rahmsoßen. Aber vielleicht haben Sie ein besseres Rezept."

Guter Gott, dachte ich und schluckte. „Nein, Madam."

„Nein?“ Die Augenbrauen schoben sich in die Höhe. „O gut, dann bleibt es also bei der Rahmsoße, ja?“

Ich nickte. Rahmsoße oder nicht, mir war es gleichgültig. Ich wußte weder wie diese, noch wie eine andere Soße zubereitet wurde.

„Wissen Sie, Jane“, sagte Mrs. Kempster, „eigentlich hatte ich Sie mir ja anders vorgestellt.“ Die Arme über der Brust gekreuzt, sah sie mich abschätzend und, wenn ich mich nicht täuschte, mit einem kleinen spöttischen Lächeln an. „Nicht ganz so modisch und up to date!“ fuhr sie fort. „Aber diese Art von Kleidung ist heute ja modern, nicht?“ Ihre Blicke tasteten die Oberschenkel unter meinem Minikleid ab. „Es erinnert mich immer ein bißchen an Inge, das deutsche Mädchen, das vor einigen Jahren bei uns war. Sie hatte fast nichts anzuziehen und war aus allen Kleidern herausgewachsen. Sie war sehr dankbar für die abgelegten Kleider, die ich ihr gab.“

Das Kleid, das ich trug, war ein Modell, sündhaft teuer und eigens für meinen England-Aufenthalt gekauft. Vielleicht war es wirklich ein bißchen zu kurz, aber schließlich war ich ein modernes junges Mädchen und kein älterer Twen, der sich fürchten mußte, herzuzeigen, was unter den Kleidern verborgen war.

„Das Wasser kocht“, mahnte Mrs. Kempster. „Nehmen Sie pro Tasse einen gehäuften Löffel voll Tee und einen für die Kanne“, belehrte sie mich, als sie sah, daß ich zögerte, die Teeblätter einzufüllen. „Ich nehme an, Sie betreiben die Sprachstudien, von denen Sie mir schrieben, um später einmal als Stewardeß auf einer der internationalen Schiffahrtslinien zu arbeiten. Oder haben Sie einen englischen Freund, der Sie heiraten möchte? In Ihrem Beruf brauchen Sie doch keine Sprachkenntnisse, das wundert mich eigentlich. Sie brauchen nicht zu erröten! Viele deutsche Mädchen haben nach dem Krieg englische Männer geheiratet. Man behauptet, englische Männer seien bessere Ehemänner als deutsche. Ein englischer Mann bleibt in jeder Situation ein Gentleman . . . Brühen Sie den Tee nicht gleich ganz auf, lassen Sie ihn erst eine Weile ziehen, bevor Sie das restliche Wasser zugießen! Auf dem Kontinent trinkt man nur Kaffee, nicht wahr?"

„Ja, Madam."

„Aber Hasenbraten können Sie zubereiten?"

„Ich habe es noch nicht versucht, Madam."

„Ach . . .?" Auf dem Make-up bildeten sich kreisrunde rote Flecken.

Sie hatte wirklich eine ganz falsche Vorstellung von mir. Ich fand es an der Zeit, sie auf einige grundlegende Tatsachen hinzuweisen. Daher atmete ich tief, nahm meinen ganzen Mut zusammen, und es gelang mir, die Erklärung zu formulieren, daß in dem Stellenangebot nicht von einer Position als Köchin die Rede gewesen sei, sondern daß ich mich um eine Stelle als Haustochter beworben habe.

Ich gebrauchte das deutsche Wort „Haustochter", da mir das englische Synonym nicht geläufig war.

„Aber die Agentur kannte meine Wünsche", sagte Mrs. Kempster bestimmt. „Ich habe Sie als cook-general engagiert." Cook-general! Was mag das sein? dachte ich. Da mir das Wort nicht bekannt war, übersetzte ich rasch in Gedanken: cook – Köchin, general – allgemein. Guter Gott! Sie hatte mich tatsächlich als „Mädchen für alles" angestellt!

Ich fühlte mich betrogen. „Das muß ein Mißverständnis sein, Madam", sagte ich. „Ich hatte nie im Sinn, Allround-Mädchen bei Ihnen zu werden. Wie käme ich auch dazu?"

„Was haben Sie denn bisher gemacht?" forschte Mrs. Kempster. „So nehmen Sie doch endlich den Kessel von der Platte!"

Ich zog den pfeifenden, Dampf sprudelnden Kessel von der Herdplatte und verbrannte mir prompt die rechte Hand. „Reiben Sie sie mit Mehl ein", empfahl Mrs. Kempster. Ihre Stimme klang leicht hysterisch. Wie ein nervöses Pferd tänzelte sie in der Tür hin und her.

Da ich sie in dieser Verfassung nicht fragen mochte, wo das Mehl zu finden sei, verbiß ich den Schmerz und versenkte die

Hand in der Tasche meines Sommerkleides. „Bisher bin ich zur Schule gegangen, Madam“, bekannte ich kleinlaut. „Zur höheren Schule. Ich habe gerade mein Examen gemacht.“

Die Lady drehte sich abrupt um, durchquerte mit großen Schritten die Halle und kam einen Augenblick später mit einem vorgedruckten Formular, dem Durchschlag ihres Auftragsformulares, zurück. Sie hielt es mir unter die Nase. „Hier!“ sagte sie. „Lesen Sie, was da steht!“

Ich las das Wort „cook-general“ in Mrs. Kempsters steiler Handschrift. „Das muß ein Irrtum sein, Madam“, sagte ich. Hatte sie noch nie etwas von Haustöchtern gehört?

„Und Sie waren nie in einem Haushalt tätig?“

„Nein, Madam, ich bin nur zur Schule gegangen . . .“

„Aber Ihre Referenzen, Jane! . . .“ rief die Lady fassungslos.

Ach ja, die Referenzen! Gefälligkeitszeugnisse meines Englisch-Professors und meiner Handarbeitslehrerin, in denen beide übereinstimmend, wenn auch unabhängig voneinander bestätigt hatten, daß ich stets fleißig, ordentlich, strebsam und in meinen Leistungen befriedigend gewesen sei. Dr. Tumm hatte hervorgehoben, daß Jane sich immer für die englische Kultur und Geschichte dieses Landes interessiert habe, während Fräulein Knauer darauf aufmerksam machte, daß Janes Handarbeiten durch die liebevolle Sorgfalt, mit der sie ausgeführt worden waren, wohl auch einiges über den Charakter der jungen Dame aussagten. Ich hatte der Forderung nach Referenzen wenig Bedeutung beigemessen, sie vielmehr als den Wunsch nach einer Auskunft über meine charakterlichen Eigenschaften gewertet. Wenn ich sie allerdings jetzt unter Mrs. Kempsters Blickwinkel betrachtete, mußte ich zugeben, daß man sie durchaus für regelrechte Arbeitszeugnisse halten konnte. „Die Referenzen sind nicht von früheren Arbeitgebern ausgestellt worden, Madam. Meine Lehrer haben sie geschrieben“, gestand ich wahrheitsgemäß.

„O nein!“ sagte Mrs. Kempster erschüttert. Sie schien unter einem ziemlichen Schock zu stehen. Ihre Hände trommelten nervös auf den Türrahmen, ihr Gesicht hatte seine Würde verloren.

Das lenkte mich für einen Augenblick von meinem Unglück ab. Ganz langsam dämmerte mir die Erkenntnis, daß sie sich auch betrogen fühlte, daß ich sie auch enttäuscht hatte. So wie ich meine Vorstellungen von meiner Tätigkeit bei ihr gehabt hatte, hatte Mrs. Kempster die ihrigen von der Arbeit, die ich ihr leisten sollte.

Ob sie mich jetzt fortschicken würde? Diese Blamage, wenn ich entlassen werden sollte, noch bevor ich meine Arbeitsstelle richtig angetreten hatte! Was würde man zu Hause dazu sagen? Mir schwindelte bei dem Gedanken, wie meine Freundinnen, meine Eltern, mein Bruder, das ganze Dorf, meine sofortige Rückkehr kommentieren würden! Und Ralf erst!

„Ich werde Sie gewiß nicht enttäuschen, Madam“, sagte ich in dem verzweifelten Versuch, sie zu überzeugen. „Ich bin Hausarbeit gewohnt, wenn ich auch bisher zur Schule ging. Zu Hause habe ich immer geholfen . . .“ Das ist eine infame Lüge, mahnte eine innere Stimme. Ich übertönte sie, indem ich schnell hinzufügte: „Natürlich kann ich nicht so gut kochen wie eine gelernte Köchin oder wie Sie, Madame, aber wenn Sie mir sagen, was ich tun soll, werde ich es bestimmt bald gelernt haben. Ich habe Hausarbeit immer sehr gemocht . . .“ Jetzt lügst du schon wieder, meldete meine innere Stimme sich erneut . . . „Und ich möchte sehr gern auf englische Art kochen können“, setzte ich trotzig hinzu.

„Na schön“, sagte Mrs. Kempster seufzend. „Wir müssen es miteinander versuchen. Im Augenblick habe ich ohnehin niemand anderen. Wenn es kritisch wird, muß Mrs. Jay eben aushelfen. Decken Sie jetzt bitte den Frühstückstisch, ich höre Mr. Kempster auf der Treppe. Spiegeleier braten können Sie doch hoffentlich?“

Der Tee an jenem Morgen hatte das Aussehen von Tabakbeize, und genauso schmeckte er. Der Toast war zäh wie Ledersohlen, die Spiegeleier trocken und an den Rändern schwarz verkohlt. Aber Mr. Kempster aß sein Frühstück, ohne zu protestieren, und trank auch etliche Tassen Tee, wie ich von meinem Platz in der Küche gegenüber der Durchreiche bemerken konnte. Mrs. Kempsters Toast dagegen blieb im Silberhalter stecken, und den Tee ließ sie, nachdem sie einen Schluck gekostet hatte, in der Tasse zurück.

Nachdem Mr. Kempster mit dem Wagen nach London gefahren war, zeigte mir Mrs. Kempster das Haus, dessen Innenarchitektur sie mir wortreich erklärte. Heute konnte ich ihrer akzentuierten Sprache besser folgen. Es gelang mir sogar, halbwegs verständliche Sätze zu formulieren, aber Mrs. Kempster mokierte sich über meine breite Aussprache und mein rollendes R. „Gewöhnen Sie sich niemals eine nachlässige Aussprache an“, ermahnte sie mich. „Sprechen Sie korrekt und verfallen Sie nicht in den Fehler vieler Leute auf dem Kontinent, Amerikanisch für Englisch zu halten.“

Ich versprach, mich zu bemühen, und Mrs. Kempster führte mich in den Park und zeigte mir den Tennisplatz, das Gärtnerhaus und die Garage, in der ein zweites Auto, eine Stellage voll Weinflaschen und eine bis zum Rand gefüllte Tiefkühltruhe von enormen Ausmaßen Mr. Kempsters Wohlstand dokumentierte.

Timo, ein alter, schwerhöriger Boxerrüde, den wir auf seinem Morgenspaziergang im Park getroffen hatten, begleitete uns bis zur Eingangstür. Er legte sich auf die Fußmatte, wo er bis zum Abend liegenblieb, um auf Mr. Kempster zu warten.

Das Haus war eine Villa der heute üblichen Art: Ein weißer, im Bungalowstil errichteter Koloß, der den traulich-ländlichen Namen „Beechwood“ zu Unrecht führte, modern und anonym. „Sie hätten Beechwood früher sehen sollen“, sagte Mrs. Kempster. „Ein halbverfallenes Landhaus mit Moos an den Wänden und modrigem Gebälk! Mr. Kempster hat es vor fünf Jahren renovieren lassen. Ist es nicht erstaunlich, was er daraus gemacht hat?“

Das ist es, dachte ich bei mir. Erstaunlich, wahrhaftig!

Die Inneneinrichtung mit quadratischen, lederbezogenen Polstermöbeln zwischen Chippendale-Tischen und flachen, ländlichen Anrichten glich eher den Ausstellungsräumen eines exklusiven Möbelhauses als einem bewohnten Heim. Von allen Zimmern hatte nur der Salon, der die ganze Westseite einnahm und von dem eine Glastür über eine Terrasse in den Park führte, einen altmodischen, rußgeschwärzten Kamin. Aber auch er war nur eine Attrappe, da Mr. Kempster eine elektrische Heizung hatte installieren lassen. Das Herrenzimmer und das Speisezimmer lagen auf der gegenüberliegenden Seite der Halle und waren nur durch einen roten Samtvorhang getrennt. Im oberen Stockwerk waren die Schlafräume, das Bad, die Wäschekammer und Gästezimmer untergebracht. Mr. Kempsters Schlafzimmereinrichtung bestand aus einer amerikanischen Liege, eingebauten Wandschränken und einem Rauchtisch. Mrs. Kempsters Schlafzimmer am gegenüberliegenden Ende des Flurs gelegen, hatte auch eine amerikanische Liege und Wandschränke, war aber mit bunten Tapeten beklebt und hatte einen Frisiertisch. Der Überwurf auf der Liege zierte ein bis zum Boden reichender Volant mit Blumendekor.

„Wenn Sie sich an meine Anordnungen halten, werden Sie leichtes Arbeiten haben“, versicherte mir Mrs. Kempster. Wir waren wieder in der Küche angekommen, und sie setze sich auf den Stuhl vor dem Küchentisch. Aus der Tischschublade zog sie zwei maschinegeschriebene Bogen, faltete sie auseinander und legte sie vor mich hin. „Das ist Ihre Arbeitsanleitung, Jane“, erläuterte sie. „Ich habe sie von der Agentur übersetzen lassen, da ich mir über die englischen Sprachkenntnisse meines neuen Mädchens nicht im klaren war.“

Es war ein Stundenplan, wie ihn unsere Schulleitung nicht präziser hätte ausarbeiten können. Sogar die Pausen waren eingezeichnet!

„In dieser Woche wird sich alles wohl etwas verschieben. Wir müssen nach Dorking fahren, um Sie polizeilich anzumelden, und die Woche ist ja auch beinahe zu Ende. Sie haben also Zeit, den Plan in Ruhe zu studieren. Wenn Sie sich daran halten, werden Sie bemerken, daß die Arbeit gut zu bewältigen ist. Natürlich wird es für Sie nicht ganz leicht sein, sich von der Schule auf Hausarbeit umzustellen, aber da Sie ja zu Hause tüchtig mitgeholfen haben, denke ich, daß Sie es schaffen werden. Zur Hausarbeit gehört nichts weiter als ein bißchen Geschick, guter Wille und gute Gesundheit. Und gesund sind Sie, nicht wahr?"

In diesem Punkt wenigstens konnte ich sie beruhigen. „Ja, Madam", bestätigte ich, während ich die ersten Zeilen des Wochenplanes überflog.

Er umfaßte eine Arbeitszeit von vierzehn Stunden täglich. Zog man die Stunden Mittagspause ab, blieben immer noch zwölf Stunden harter, anstrengender Arbeit. Und ich hatte mich beklagt, wenn mich meine Hausaufgaben vier Stunden am Schreibtisch festnagelten! Am Schreibtisch oder im Garten im Schatten des dicken, alten Birnbaumes oder auf dem Teppich in meinem Zimmer, auf dem ich an Regentagen lag und meine englischen oder französischen Vokabeln lernte. Ich hatte geglaubt, während der acht Stunden im Büro vor Langeweile vergehen zu müssen!

Ich hatte ja überhaupt keine Ahnung gehabt, was „Arbeit" bedeutete. Lilli brauchte doch bestimmt nicht so hart bei uns zu arbeiten, überlegte ich mir. Oder doch? Sie ging nachmittags um sechs Uhr nach Hause. Unsere Hauptmahlzeit nahmen wir mittags ein, abends gab es nur eine kalte Mahlzeit. Aber dafür hatte Lilli auch keine Mittagspause. Ich bekam es mit der Angst, mein Pensum nicht bewältigen zu können, und sah mich hilfesuchend um. Mrs. Kempster hatte die Küche verlassen.

Die Schwierigkeiten beginnen

Mrs. Kempster war nach oben gegangen, um sich umzukleiden. Als sie herunterkam, verkündete sie, daß sie zu Bekannten fahre, um nach deren kranken Töchterchen zu sehen. Ich konnte mir vorstellen, daß sie von mir erzählen wollte, da ich bestimmt für Tage Gesprächsstoff für ganz Surrey abgeben würde.

Zum Lunch hatte Mrs. Kempster gemischten Salat, Toast und

eine Scheibe von dem kalten Fleisch bestellt, das am Tag vorher übriggeblieben war.

Heute war Donnerstag. Was war für Donnerstag vorgesehen? Ich sah in meiner Liste nach: 10.00 – 12.00 Uhr im Salon Fenster putzen, Polstermöbel staubsaugen, Parkettboden abspähnen, Möbel mit Politur bearbeiten, Fußboden bohnern. Dazu war es jetzt wohl zu spät. Es blieb mir gerade noch Zeit, die Betten zu machen, das Frühstücksgeschirr abzuwaschen und den Lunch vorzubereiten.

Ich ging hinauf, legte die Betten aus und gleich wieder ein. Im Badezimmer wischte ich mit einem Handtuch die Wanne aus. Mrs. Kempster hatte vergessen, mir den Putzgerätespind zu zeigen. Unten räumte ich so umständlich wie möglich den Frühstückstisch ab. Anstatt nämlich das Geschirr auf ein Tablett zu stellen, trug ich jeden Teller, jede Tasse einzeln hinaus. Die Krümel unter dem Speisezimmertisch rieb ich mit der Fußspitze in den Teppich ein. Damit war wenigstens für den Augenblick das Problem „Teppichkehrer“ gelöst.

Erschöpft ließ ich mich in der Küche auf einen Stuhl fallen. Ich war müde, niedergeschlagen und sehr in Zweifel, ob ich den Tag lebend überstehen würde.

Niemals vorher war ich in einem solchen Maße physisch erschöpft gewesen. Gewiß, man fühlt sich nach sportlichen Leistungen ausgepumpt, aber das ändert sich, wenn man weiß, daß die Anstrengung durch einen Sieg belohnt wurde, spätestens aber, wenn man unter der Dusche steht und das heiße Wasser die Muskeln entspannt.

Meine Empfindungen an diesem Morgen, in der fremden, feindseligen Atmosphäre, glichen in nichts den Erfahrungen meines bisherigen Lebens. Es war weit mehr als eine durch körperliche Anstrengung hervorgerufene Erschöpfung. Es war eine bleierne Schwere, die mich auf diesen Küchenstuhl niederdrückte. Der Anblick des unglückseligen Stundenplanes bereitete mir Übelkeit. Der bloße Gedanke an das, was man an Einsatzbereitschaft und Arbeitsleistung von mir erwartete, ließ mich in Tränen ausbrechen. Nie würde ich das bewältigen können, dessen war ich gewiß. Ich fühlte mich so mutlos, daß ich hier und jetzt meine Koffer gepackt hätte und nach Hause gefahren wäre, hätte ich das Geld für eine Fahrkarte besessen.

Aber ich hatte kein Geld! Und gerade das war meine Chance. Später sollte ich dem Schicksal dafür dankbar sein! Aber das ahnte ich damals noch nicht.

Nachdem ich eine Weile auf dem Küchenstuhl gesessen hatte, niedergeschmettert und unfähig, mich mit meiner Lage anzufreunden, hilflos und ohne Aussicht, sie zu ändern, begann ich, mich mit der Situation abzufinden. Meine Mutter hatte mich frühzeitig gelehrt, daß es unsinnig und kräfteverschwendend ist, gegen Unabänderliches anzukämpfen. Außerdem merkte ich plötzlich, daß ich hungrig war. In einem Wandschrank fand ich ein Glas Nescafé. Ich brühte gleich zwei Tassen auf. Im Salon stand eine gefüllte Zigarettendose. Das war genau das, was ich jetzt brauchte! Danach fühlte ich mich nicht nur sehr viel besser, sondern einfach wundervoll. Nachdem ich geraucht hatte, lüftete ich vorsorglich die Küche.

Um zwölf Uhr klingelte ein Mann an der Hintertür. Er brachte Kopfsalat, einen Bund Radieschen, Gurken, Petersilie und Schnittlauch. Mit einer Verbeugung stellte er sich als Mr. Goodwin, der Gärtner, vor. Er trug keinen Schnurrbart, machte aber ein so ernstes Gesicht, als beklage er diesen Mangel. Auch hatte ich den Eindruck, als irritiere ihn der tiefe Ausschnitt meines gestreiften Minikleides. „'tschuldigen Sie, Madam", sagte er und tippte an die Kante seiner Schirmmütze. „Dachte, das neue Mädchen wäre hier. Bringe das Gemüse für die Küche."

Bevor ich ihm noch erklären konnte, daß ich das neue Mädchen sei, hörten wir Mrs. Kempsters Wagen. Ich trug das Grünzeug in die Küche, warf es auf das Abtropfbrett und begann, die Salatblätter zu putzen und zu zerteilen. Das brachte mir den ersten ernsthaften Verweis von Mrs. Kempster ein. Sie trat in die Küche, gut gelaunt, wie mir schien, prallte aber entsetzt zurück, als sie sah, was ich tat. Mit zwei Schritten stand sie neben mir und nahm mir das Messer aus der Hand. „Um Himmels willen, was soll das? Was machen Sie da!" schrie sie mich an.

Ich stand wie vom Donner gerührt. Was hatte ich nun schon wieder falsch gemacht? Oder sollte etwa der schwarze Tabakgeruch, der trotz des sorgfältigen Lüftens noch immer in der Küche hing, ihr Mißfallen erregt haben? „Ich hatte Sie geheißen, eine Schüssel Salat zuzurichten, und jetzt haben Sie den wunderschönen Salat ruiniert!" klagte Mrs. Kempster.

„Aber das tue ich doch! Ich meine, Salat zurichten!" war alles, was ich hervorbringen konnte.

„Verzeihen Sie", sagte Mrs. Kempster, um Fassung ringend. „Ich vergaß, daß Sie keine perfekte Köchin sind! Würden Sie bitte Papier auf das Brett legen, bevor Sie das schmutzige Gemüse darauf geben? Am besten lassen Sie es im Korb und nehmen nur soviel heraus, wie Sie für eine Mahlzeit brauchen."

Ich wußte aber immer noch nicht, was ich falsch gemacht haben könnte. Meines Wissens gab es keine andere Art Kopfsalat anzurichten, als die von mir praktizierte. Man entfernt die welken und gröbsten Außenblätter, zerkleinert die Innenblätter, wäscht den Salat und mischt ihn kurz vor dem Servieren mit einer Soße aus Essig, Öl, Salz, Pfeffer und einer kleingehackten Zwiebel. So hielt es Lilli, so machte es meine Mutter, und auf diese Art hatte ich es ihnen viele Male nachgemacht.

Es war falsch. Mrs. Kempster belehrte mich, daß Kopfsalat in England nicht zerkleinert und nicht mit einer Salatsoße angemacht werde. Man läßt alle Blätter ganz, entfernt nur die welken, trennt die guten vom Stumpf und wäscht sie unter fließendem Wasser, schwenkt sie in einem Tuch und ordnet sie in der ursprünglichen Form des Salatkopfes in einer Schüssel an. Handelt es sich um gemischten Salat, werden Radieschen und grüne Gurken auf die Salatblätter gebettet. So einfach war das. Aber ob es schmeckte?

„Wir haben eine vorzügliche Fertigcreme in England", zerstreute Mrs. Kempster meine Bedenken. „Salatcreme, die man zu den übrigen Gewürzen auf den Tisch stellt, damit sich jeder bedienen kann. Ich esse meinen Salat ohne Creme, und das sollten Sie auch tun, wenn ich Ihnen einen Rat geben darf, Jane!" Nach einem Blick auf meine pummeligen Beine fuhr sie fort: „Sie ist sehr fetthaltig, scharf gewürzt und deshalb für Ladies ungeeignet, sie macht dick."

Wie sich herausstellte, schmeckte sie mir auch nicht. Es war eine Art dickflüssiger, süß-saurer Mayonnaise, und ich hielt mich an Mrs. Kempsters Rat und aß den Salat „nackt". Außer Salat und einer Scheibe mageren, kalten Fleisches gab es nichts zum Mittagessen. Als ich mich unbeobachtet glaubte, schnitt ich mir eine Scheibe Toastbrot ab, aber in diesem Augenblick kam Mrs. Kempster in die Küche, und ich merkte an ihrer Reaktion, daß ihr meine eigenmächtige Handlungsweise mißfiel. Also fragte ich Mrs. Kempster, ob ich mir gelegentlich ein Glas Milch nehmen dürfe. Ihre Reaktion auf meine Frage schien mir seltsam zu sein in Anbetracht dessen, daß sie selbst eigene Farmprodukte in ihren Briefen hervorgehoben hatte. Sie lächelte säuerlich, runzelte die Stirn und erging sich in wortreichen Tiraden über die teils erfreuliche, teils bedauerliche Preisentwicklung in der Milchwirtschaft. Es lief darauf hinaus, daß Milch teuer war und mehr Nutzen brachte, wenn man sie verkaufte, als sie selbst zu verbrauchen.

Mrs. Kempster war eine umsichtige Hausfrau und eine gewissenhafte Haushälterin, wie ich bald bemerken sollte. Es gab in diesem Haushalt nichts, was vergeudet wurde, kein Stück Brot, das alt genug gewesen wäre, um in den Abfallkübel zu wandern, keinen noch so kleinen Speiserest, der nicht für die Zubereitung einer anderen Mahlzeit verwendet wurde. Fünf einsame Erbsen auf einem Teller im Kühlschrank waren keine Seltenheit. Selbst grüner Salat, der im Gemüsegarten in überreicher Fülle wuchs und schneller in den Samen schoß, als er verbraucht werden konnte, wurde in der Küche bis zum letzten Blatt verwertet.

Für meine Begriffe roch es in diesem Haushalt verdächtig nach Geiz. Aber Mr. Kempster schien diese Haushaltsführung nicht nur zu billigen, sondern lobte die haushälterische Fürsorge seiner Frau, die das Einkommen jedes Mannes klug zu verwalten verstünde, und schloß stets mit dem Hinweis: „Sie wissen, was ich meine, Jane, eine Hausfrau wie Mrs. Kempster macht jeden Mann glücklich!"

Mag sein, daß sie mit diesen kargen Mahlzeiten auskommen konnte, er aß ohnehin fast jeden Mittag im Club. Ich, die ich den ganzen Tag auf den Beinen war, angetrieben von einem Stundenplan, der es an Genauigkeit und minutiöser Arbeitseinteilung mit den Vorschriften eines scharf kalkulierenden Fabrikunternehmens aufnehmen konnte, fand die mir zugeteilten Rationen zu knapp bemessen, um den Motor auf Touren halten zu können.

Verzweifelt setzte ich meine ganze Hoffnung auf das Dinner. Aber auch das war eine Enttäuschung.

Alles endete mit einer Enttäuschung. Seit ich hier eingetroffen war, hatte sich nichts so erwiesen, wie ich es mir vorgestellt hatte. Nicht einmal die tägliche Freizeit war eine Freizeit im üblichen Sinne.

Nachdem ich das Lunch-Geschirr abgewaschen und die Küche saubergemacht hatte, trollte ich mich in dem Gedanken, ein paar Briefe zu schreiben und in meinem Zimmer auszuruhen. Doch beim Verlassen des Hauses wurde ich von Mrs. Kempsters Ruf gestoppt. „Bitten Sie Mrs. Jay, Ihnen den Teppichkehrer zu leihen, damit Sie die Geräte nicht hin- und herzutragen bauchen, Jane! Und putzen Sie bitte die Fenster Ihres Zimmers, sie schienen mir gestern abend sehr schmutzig. Ich habe es gern, wenn das Personal in sauberen Zimmern wohnt. Wenn Sie also bitte darauf achten wollen, Ihr Zimmer ordentlich zu halten! In einem sauberen Zimmer läßt es sich besser ruhen."

Sagte die Lady „ruhen"?

Auch mit dem Lernen würde es nicht viel werden. Ich konnte froh sein, wenn es mir gelang, mich bis zum Abend auf den Beinen zu halten. Nachdem ich mein Zimmer in Ordnung gebracht hatte, blieb mir gerade noch Zeit zu einem kurzen Bericht nach Hause. Mein Zimmer! Die Lady hatte es in ihrem Brief als ein komfortabel eingerichtetes Wohn-Schlafzimmer bezeichnet! Die elektrische Heizung entpuppte sich als kleiner, transportabler Strahler, wie man ihn gelegentlich in der Übergangszeit benutzt, wenn es noch zu früh ist, die Zentralheizung in Betrieb zu nehmen. Allein der hohe Stromverbrauch ließ eine längere Inbetriebnahme nicht zu. Es war offensichtlich, daß mein Wohn-Schlafzimmer weniger zum Wohnen als ausschließlich zum Schlafen Verwendung finden sollte. Die „gemütlichen" Möbel bestanden aus einer wurmstichigen Kommode, einem ebensolchen Kleiderspind und einem altersschwachen Lehnstuhl, der ächzte, sobald man sich auf ihm niederließ. Die knarrenden Dielen waren mit einem Sisalteppich belegt. Das Radio war mindestens zwanzig Jahre alt.

Natürlich erwähnte ich nichts davon in meinem Brief an meine Eltern. Ich war im Gegenteil des Lobes voll über die freundliche Aufnahme, beschrieb begeistert den Park, die Farm und das Haus und malte in enthusiastischen Worten ein Bild vollkommener Harmonie und Zufriedenheit. Wenn man meinen Brief las, konnte man auf den Gedanken kommen, ich sei persönlich Gast Ihrer Majestät, der Queen.

Und doch, der Brief gab mir Auftrieb. Irgendwie hatte ich das Gefühl, mich mit meiner Mutter unterhalten zu haben. Ein Brief war für mich immer wie ein Gespräch. Die Tatsache, daß es ein Monolog war, minderte nicht meine Freude daran. Ich habe mich nie sehr gut in Gesprächen mitteilen können. Vielleicht war das der Grund, weshalb ich früh mit dem Schreiben eines Tagebuches begann und daß ich auch lieber lese als zuhöre. Geschriebene Worte vergesse ich nie.

Als ich meiner Mutter schrieb, glaubte ich sie gegenwärtig. Sie war nicht nur in meinen Gedanken. Ich konnte sie fühlen, ihre Stimme hören, die ganze, nur ihre eigene Atmosphäre teilte sich mir mit. Ich konnte diesen zarten transparenten Duft nach Seife, warmer Haut, Sonne und Wärme spüren. Die Buchstaben auf dem Weiß des Papieres waren magische Zeichen, nach Belieben zu gebrauchen, um den Dämon Heimweh zu vertreiben, der mir gespensterhaft im Nacken saß. Ich fühlte mich leicht und beschwingt, als hätte meine Mutter meine Worte schon gelesen und mir aufmunternd zugenickt.

Als ich in die Villa kam, überraschte Mrs. Kempster mich mit der Eröffnung, daß sie das Menü geändert habe. An Stelle des geplanten Hasenbratens würde es zum Dinner Lammkoteletts mit Apfelsoße, grüne Bohnen, Kartoffeln und als Nachspeise in Sahne getauchte Erdbeeren geben. Mir war das mehr als recht. In meiner Freude über die Änderung des Speisezettels sagte ich bedenkenlos „nein" auf Mrs. Kempsters besorgte Frage, ob das Braten von Lammkoteletts nicht zu schwer für mich sei.

Sie lag in der Hollywoodschaukel, die der Gärtner am Morgen an den Springbrunnen zwischen die Hortensiensträucher geschoben hatte, und bat mich, den Tee draußen zu servieren. Ich muß zugeben, daß sie erschöpft aussah. Das Make-up um ihre Augen war verwischt, Wimperntusche und Lidstriche waren ineinandergelaufen und bildeten schwarze Ränder, die die Augen tief in die Augenhöhlen zurücktreten ließen. Obwohl es ein warmer Sommertag war, schien sie zu frieren. Sie tat mir plötzlich leid.

Nachdem ich ihr den Tee hinausgebracht hatte, bat sie mich, eine Schottendecke aus dem Salon zu holen und über ihre Füße zu breiten. Ich hoffte, der Tee werde ihr guttun. Ich hatte ihn nur kurz überbrüht, damit er seine goldgelbe Farbe behalte. Aber nachdem Mrs. Kempster zwei Tassen getrunken hatte, fand sie ihn zu schwach und bemängelte das Fehlen der Teeblätter auf dem Boden der Kanne. Als ich vorschlug, frischen Tee zu bereiten, lehnte sie das ab, aber der Seufzer, mit dem sie ihre Worte begleitete, gab mir deutlich zu verstehen, daß ich eine Strapaze für ihre Nerven sei.

Ich trabte ziemlich unglücklich in die Küche zurück. Aber kaum hatte ich mir eine Tasse Tee eingeschenkt, rief sie mich wieder in den Garten zurück. „Bringen Sie mir bitte das Buch aus meinem Schlafzimmer, Jane."

Ich lief ins Haus, krempelte das Schlafzimmer um und um, konnte aber nirgends ein Buch entdecken. „Welches Buch, Madam? Ich finde es nicht!“ rief ich aus dem Badezimmerfenster in den Park.

„Auf dem Nachttisch – und schreien Sie nicht so!“ schallte es zurück.

Der Nachttisch war leer bis auf die Lampe und eine Schachtel gerösteter Erdnüsse. Vielleicht meint sie Mr. Kempsters Rauchtisch, überlegte ich, doch als ich mit den Kriminalromanen zur Hollywoodschaukel kam, zeigte es sich, daß meine Überlegung falsch gewesen war. Mr. Kempster war zurückgekommen und saß bei seiner Frau. „Das sind meine Bücher, guten Tag, Jane“, sagte er mürrisch. „Ich glaube nicht, daß meine Frau sich für diese Bücher interessiert. Bringen Sie sie wieder zurück!“

„Lassen Sie nur“, sagte Mrs. Kempster leidend. „Es lohnt sich nicht.“

„Aber ich möchte Ihnen gern ein Buch holen, Madam“, versicherte ich.

„Nein, nein, Jane“, wehrte sie ab. „Es ist nicht wichtig, wirklich nicht.“

„Möchte Mr. Kempster jetzt einen Tee?“

„Er war nicht gut, Darling“, sagte Mrs. Kempster zu ihrem Mann. „Du würdest ihn nicht mögen, Jane hat den Tee gesiebt. Mr. Kempster möchte lieber keinen Tee, Jane, es würde Ihnen zu viele Umstände machen, und das möchten wir nicht. Denken Sie lieber daran, das Tafelsilber zu putzen, das steht heute nachmittag auf Ihrem Arbeitsplan. Sie haben es doch nicht vergessen, nicht wahr?“ Sie seufzte tief auf und wandte sich an ihren Mann. „Wir müssen Geduld mit Jane haben, Darling. Ich erkläre dir später, weshalb. Sie ist ein liebes Mädchen, aber entsetzlich ungeschickt. Ich werde sie mir erziehen müssen!“

Mr. Kempster musterte mich kurz. „Wird das nicht zuviel für dich sein?“

„Wenn es sich um dein Wohlergehen handelt, gewiß nicht, Darling! Wir werden uns beide Mühe geben, nicht wahr, Jane?“

„Ja, Madam.“

„Schön, Jane, dann gehen Sie jetzt!“ sagte sie. Der Blick, den sie mit Mr. Kempster tauschte, ließ jedoch keinen Zweifel daran, daß ich eine schreckliche Mühe für sie sein werde.

Meine heitere Stimmung war dahin. Ich war so wütend, daß ich ihr am liebsten das Silber an den Kopf geworfen hätte, jedes Stück einzeln, damit sie mehr davon hatte. Mich zu behandeln wie ein unmündiges Kind! Nicht einmal meine Mutter würde so mit mir gesprochen haben! Und schon gar nicht mit Lilli! Es tat mir plötzlich leid, daß ich manchmal unhöflich zu Lilli gewesen war. Niemand hat das Recht, einen anderen zu schikanieren, nur weil er zufällig am längeren Ende des Hebels sitzt.

Ich bearbeitete das Silber, als wäre ich ein Schmied und der Putzlappen mein Hammer. Daß das Tablett kein Amboß war, bemerkte ich in dem Augenblick, als es sich verbog. Wieder ein Minuspunkt für mich! Und – puff! – war mein Zorn verraucht, aber auch meine Energie zu Ende.

Statt mein Gehirn zu benutzen und nicht mehr körperliche Kraft für die Arbeit aufzuwenden als nötig war, hatte ich mich bei dieser einfachen Tätigkeit völlig verausgabt. Meine Arme schmerzten, und der Rücken tat mir vom krampfhaft vorgebeugten Sitzen weh. Mrs. Kempster hatte recht: Es war wahrhaftig nicht viel los mit mir.

Um achtzehn Uhr nahm ich die Bohnen vor, entfädelte sie, ließ sie vorsichtshalber aber zunächst einmal ungebrochen. Was eine Apfelsoße war, davon hatte ich keine Ahnung. Mrs. Kempster darüber zu befragen, ließ mein Ehrgeiz nicht zu. Statt dessen lief ich in mein Zimmer, um mein Schulkochbuch zu Rate zu ziehen. Natürlich fragte Mrs. Kempster prompt, was ich um diese Zeit dort zu suchen hätte. Nicht gewillt, mein Geheimnis preiszugeben, das Kochbuch unter meiner Kleiderschürze verborgen, murmelte ich etwas von „Taschentuch vergessen“ und steckte mit verbissenem Trotz ihre Rüge ein. Das Kochbuch wußte nichts von einer Apfelsoße. Ich beschloß daher, die Apfelsoße zu streichen.

Inzwischen war es an der Zeit, Kartoffeln zu schälen und die Erdbeeren zu waschen. Wie eine perfekte Köchin wirtschaftete ich in der Küche, machte eine Unmenge Geschirr schmutzig und lief geschäftig hin und her.

Punkt sieben Uhr stellte ich die Kartoffeln und in einem anderen Topf das Wasser zum Kochen der Bohnen auf. Um sieben Uhr dreißig machte ich Öl in der Bratpfanne heiß, wusch die Lammkoteletts und legte sie in das rauchendheiße Öl. Fürchterlich war, was dann geschah! Das heiße Öl spritzte über den Herd, auf den Fußboden, in mein Gesicht, auf meine Hände!

Ich hätte wissen sollen, daß man Fleisch abtrocknet, bevor man es in die heiße Pfanne gibt.

Mrs. Kempster kam mit lautem Aufschrei in die Küche gestürzt, in der ich, unfähig, mich zu rühren, auf die wie im Schmerz in der Pfanne sich krümmenden Koteletts starrte.

Alles hatte ich falsch gemacht! Alles!

Das Fleisch mußte geklopft, abgetrocknet und nicht in der Pfanne gebraten, sondern im Ofen gegrillt werden. Die Bohnen waren zu schneiden, die Kartoffeln hatten ganz zu bleiben. Die Bohnen wurden ohne Mehlschwitze serviert. Dem Kartoffelwasser wurde ein Pfefferminzsträußchen beigegeben. Eine Apfelsoße war das, was man bei uns in Deutschland Apfelmus nennt. Die Erdbeeren wurden erst bei Tisch mit Zucker bestreut, und die Sahne wurde ungeschlagen serviert. Ich hatte mich noch nie so sehr geschämt.

Vergeblich versuchte ich zu retten, was zu retten war. Viel war es nicht, aber das schien man auch nicht zu erwarten.

„Bringen Sie es auf den Tisch, wie es ist", hatte Mrs. Kempster mit einem ergebenen Seufzer gesagt.

Mr. Kempster mixte selbst die Cocktails für sich und seine Frau. Sie tranken sie im Salon, während ich den Tisch im Speisezimmer deckte und die im Ofen vorgewärmten Teller auf die Heizplatte stellte. Wie Mrs. Kempster mich geheißen hatte, klopfte ich an die Tür des Salons und meldete artig: „Das Dinner ist angerichtet, Madam!"

Dann geschah etwas Merkwürdiges. Man bat mich, das Essen ins Speisezimmer zu tragen samt dem Teller, der für mich bestimmt war. Ich glaubte mich schon in den Kreis der Familie aufgenommen, wusch in Eile meine Hände und war im Begriff, meine Kleiderschürze auszuziehen, um am gemeinsamen Essen teilzunehmen, als am Schalter der Durchreiche geklopft wurde. Ich eilte, um zu öffnen. Da stand Mr. Kempster mit meinem Teller in der Hand und fragte: „Eine Kartoffel, ist das genug für Sie, Jane?"

Bevor ich noch antworten konnte, hatte er die Durchreiche wieder geschlossen.

Ich stand da mit dem Teller in der Hand und weinte.

Ich weinte nicht über die eine Kartoffel, obwohl eine Kartoffel und die winzige Portion Bohnen beileibe nicht genug für mich waren. Was mich so erschütterte, war die Tatsache, daß ich für Mr. und Mrs. Kempster wirklich nur ein ganz gewöhnliches Dienstmädchen war!

Lilli aß bei uns zu Hause immer am Familientisch. Nie hätte meine Mutter sich erlaubt – sie wäre nicht einmal auf den Gedanken gekommen –, ihr das Essen zuzuteilen. Wie es ihr auch erlaubt war, jederzeit Obst oder Nüsse oder was immer an Eßbarem da war, zu essen oder einen Imbiß einzunehmen, wenn sie zwischen den Mahlzeiten hungrig war. Ich war weniger als Lilli. Mein Abitur nützte mir gar nichts. Im Gegenteil, es machte mich untüchtig und der Hausfrau verdächtig. Ich war nur ein kleines, unwichtiges Dienstmädchen, das nicht einmal kochen konnte. Diese Erkenntnis war ein harter Schlag für mich.

Am Küchentisch stehend, würgte ich das Essen hinunter. Ich hatte noch nie in einem sogenannten „feinen Haushalt" diniert, wußte aber aus Romanen und Fernsehspielen, daß in herrschaftlichen Häusern eine strenge Trennung zwischen Dienstboten und der Familie üblich ist. Ich wollte aber kein Dienstbote sein. Ich war nach England gekommen, um die Sprache zu lernen und in einer englischen Familie willkommen zu sein.

Als ich den Tisch abdeckte, um den Nachtisch zu servieren, sagte Mrs. Kempster: „Ich hoffe, Sie haben über dem Essen nicht getrödelt. Sie können schon mit dem Spülen beginnen, Jane. Alle unsere Mädchen haben das so gehalten, um nicht zu spät mit der Küche fertig zu sein. Wir schätzen es nicht, beim Mokka vom Geschirrklappern gestört zu werden."

Mr. Kempster sah mich freundlich an. „Das Essen war ausgezeichnet, Jane."

„Vielen Dank, Sir", sagte ich.

Mrs. Kempster lächelte mokiert.

In dieser Nacht weinte ich mich in den Schlaf.

Wären die Briefe meiner Mutter nicht gewesen, ich weiß nicht, ob ich durchgehalten hätte. Sie schrieb mir jeden Tag, und jeden Morgen galt mein erster Gedanke ihrem Brief.

Obwohl ich mich in meinen Briefen nach Hause nie beklagte, schien meine Mutter mit dem sicheren Instinkt, der allen Müttern eigen ist, zu spüren, wie sehr ich unter Heimweh litt und wie allein ich war. Wohl hatte Mrs. Jay mich eingeladen, mit ihr und ihrem Mann im Wohnzimmer fernzusehen, wann immer ich Lust dazu hatte, aber ich war viel zu müde, um von ihrem freundlichen Angebot Gebrauch machen zu können. Außer meiner Sehnsucht nach Hause richtete sich mein ganzes Sinnen auf den Schlaf. Nicht einmal die Bücher, die Mrs. Jay mir aus der Bücherei ihres Sohnes, der irgendwo an der Südwestküste Englands Junglehrer war, zum Lesen anbot, interessierten mich. Sobald mein täglicher Dienst bei Mrs. Kempster beendet war, ging ich auf mein Zimmer und las beim Schein der Nachttischlampe den Brief meiner Mutter immer und immer wieder.

Meistens waren es nur kurze Berichte, mit denen sie ein genaues Bild von zu Hause zeichnete. Manchmal kam sie in ihren Briefen auf ihre eigene Jugendzeit zu sprechen. So erwähnte sie einmal das Jahr, das sie in einem Internat verbracht hatte. Es war ihr erster Ausflug in die Welt, und der hatte ihr zunächst gar nicht gefallen: Die Mitschülerinnen waren Intrigantinnen, die Lehrerinnen vertrocknete Jungfern, das Essen ungenießbar und die Umgebung trostlos und entmutigend.

„Und das alles nur, weil ich voreingenommen war", schrieb

meine Mutter, „weil ich es so sehen wollte, da die Tatsachen meinen romantischen Vorstellungen nicht entsprachen. Es ist ähnlich wie mit einem Film, der nach einer literarischen Vorlage gedreht wird. Du hast das Buch gelesen, die Gestalten und ihre Umgebung wurden durch deine Vorstellungskraft lebendig. Und dann siehst du den Film und bist enttäuscht, weil die Personen anders aussehen und agieren als die Gestalten deiner Phantasie. Als ich aufgehört hatte, meine Enttäuschung zu beklagen, wurden aus den Intrigantinnen Freundinnen, aus den vertrockneten alten Jungfern um Ordnung bemühte Lehrerinnen, aus dem ungenießbaren Essen eine exquisite, wenn auch dem Gaumen ungewohnte Küche. Und es war immer noch Frühling, und an Sonnentagen sah die Landschaft gar nicht traurig aus . . ."

Dieser Brief meiner Mutter erreichte mich am Morgen meines ersten freien Tages. Ich war verägert durch Mrs. Kempsters Eröffnung, mein freier Tag beginne erst um zehn Uhr, nachdem ich Frühstück gemacht, die Wohnung in Ordnung gebracht und das Frühstücksgeschirr abgewaschen hätte.

Wozu war ein freier Tag gut, dachte ich, wenn er einem nicht Gelegenheit gab, länger als gewöhnlich zu schlafen? Außerdem mußte ich mich, vom Frühstück abgesehen, an diesem Tag selbst beköstigen. Von meinem eigenen spärlichen Taschengeld! Ich wollte an diesem Tag gründlich ausschlafen, gegen Mittag baden und nach dem Mittagessen – ich machte mir keine Gedanken darüber, wer das Mittagessen kochen werde – lesen, spazierengehen und ein bißchen lernen. Nun stellte sich heraus, daß Mr. und Mrs. Kempster an meinem freien Tag in London speisen und abends bei Freunden sein würden. Das Haus war verschlossen. Ich war also den ganzen Tag über auf mich allein gestellt.

Nun mußte ich ihn anders nützen. Ich fragte daher Mrs. Kempster nach einem guten Friseur. Zu meiner Überraschung hatte meine Frage die Wirkung einer mittleren Bombendetonation. Mrs. Kempster wirbelte fast um ihre eigene Achse. Als sie sich gefaßt hatte, fragte sie: „Möchten Sie Ihre Haare schneiden lassen, Jane? Das besorgt doch jeder Herrenfriseur."

„Nicht schneiden", lachte ich harmlos, „waschen und legen, und dazu brauche ich einen guten Damenfriseur, der mit modischen Frisuren umzugehen weiß."

Mrs. Kempster sah mich an, als sei ich geistesgestört. Da sie sich jedoch einer Antwort auf diese Frage enthielt, beließ ich es dabei.

Um zehn Uhr saß ich im Sessel in meinem Zimmer am Fenster, das englische Lehrbuch aufgeschlagen auf dem Tisch, den Kugelschreiber in der Hand und mein Übungsheft auf dem Schoß. Ich hatte beschlossen, mit der Wiederholung der ersten Lektion Handelsenglisch zu beginnen. Im Park schob der Gärtner einen Schubkarren vor sich her. Hin und wieder blieb er stehen, bückte sich nach einem Stück Papier, nach einer leeren Zigarettenschachtel, die ein vorübergehender Spaziergänger über die Hecke geworfen haben mochte.

Kaum konnte ich mich konzentrieren: Dear Sirs, we have extensive connexions ... Stimmt gar nicht, ich habe keine ausgezeichnete Verbindungen ... in the timber industry ... Holz interessiert mich nicht! Im Stadtpark bückten sich die Gärtner auch immer nach Papier. Dort hatte Ralf mich zum erstenmal geküßt. Aber da war kein Gärtner, und es war auch nicht warm. Verharschter Schnee lag auf den Rabatten, die Bäume waren kahl, es war Abend, und meine Zähne klapperten. Vor Aufregung, behauptete Ralf hinterher. Das war es nicht, doch ließ ich ihn in diesem Glauben. Ich hatte gezittert, weil ich – seit Stunden, wie mir schien – in einer Pfütze stand und die Feuchtigkeit durch das dünne Stiefelleder an mir hochzukriechen begann. Tags darauf war ich heißer, und meine Mutter schalt mit mir wegen meiner unvernünftig kurzen Kleider ... and can place regular orders ... Da war der Brief meiner Mutter mit der versteckten Aufforderung: Ändere deine Haltung, und alles ändert sich für dich! Nein, Mutter, dachte ich, so einfach ist das nicht! Oder war es doch so einfach? Ich konnte es nicht glauben. Meine Tage waren vom Morgen bis zum Abend mit Problemen und Komplikationen ausgefüllt. Auf Schritt und Tritt stolperte ich über ungewohnt Fremdes. Was ich auch tat, stets sah ich mich in Situationen, die zu meistern mir Erfahrung und Mut fehlten. Ich war meiner selbst unsicher geworden und traute mich nicht, die einfachsten Entscheidungen zu treffen.

Ich hatte geradezu eine Vorliebe dafür entwickelt, die einfachsten Dinge zu komplizieren. Wie konnte mir da der Rat meiner Mutter nutzen? Daß er es dennoch tat, sollte sich erst später herausstellen.

Mit dem Zwölf-Uhr-Bus fuhr ich nach Dorking. Die nächste Haltestelle lag zwei Meilen von Beechwood entfernt an der Landstraße, die um die Mittagszeit nur von wenigen Autos befahren war. So ließ es sich angenehm wandern.

Es war Juni. In den Brombeerhecken schimmerten die Blüten weiß und rosa. In den Gärten blühten Rosen, und auch der Holunder begann aufzubrechen. Die Bäume trugen sattes Sommergrün. Obwohl Newdigate ein Dorf war, sah ich nirgends Häuserreihen, wie sie in Deutschland üblich sind. Alles war weit auseinandergezogen. Die Häuser standen, den Blicken verborgen, in parkartigen Gartenanlagen. Von einigen war nur der Giebel sichtbar. Auf andere deutete oft nur die Eisenpforte oder ein Briefkasten auf einem Pfahl mit dem Namen des Anwesens oder seiner Besitzer hin. Kurze Waldstücke wechselten mit Wiesen und Äckern. Nur die einstöckigen Katen der Landarbeiter standen paarweise oder einzeln inmitten kleiner Vorgärten entlang der Landstraße jeweils in unmittelbarer Nähe einer Farm.

Ich war der einzige Fahrgast an der Haltestelle unter der Eiche. Der zweistöckige Bus kam nahezu leer an, füllte sich aber an der nächsten Haltestelle, die, wie ich vermutete, die Dorfmitte von Newdigate war. Läden, Schule und Postamt rings um einen offenen Platz deuteten darauf hin.

Ich stieg am Stadtrand von Dorking aus. Es war kurz vor Mittag, und ich wußte nicht, was ich mit dem restlichen Tag anfangen sollte.

Dorking ist eine Kleinstadt, von den Einheimischen markettown genannt nach dem Markt, der wöchentlich hier abgehalten wird und auf dem Maler, Töpfer, Händler und Gärtner der Umgebung ihre Erzeugnisse an offenen Ständen feilbieten.

Als der Bus abgefahren war, stand ich vor einem Kino in der Hauptstraße, die auch die Hauptgeschäftsstraße war. Auf der einen Kino-Reklame versprach James Bond aufregende Stunden, auf einem anderen Plakat knallte eine Superblondine in Überlebensgröße ihre nicht minder aufregenden Proportionen ins Blickfeld der Passanten. Das gleiche Bild wie in allen Städten. Kinos, Läden, Milchbars, Caféhäuser, die hier Tearoom genannt werden. Die gleiche Hast, das gleiche stupide Lächeln auf den Gesichtern der Verkäuferinnen und das gehetzte Gebaren von Menschen, die fürchten, zu spät zu kommen. Sah man von den englischen Worten ab, hätte man sich vorstellen können, durch die Geschäftsstraße einer deutschen Stadt zu gehen. Selbst ein Warenhaus fehlte nicht.

Da ich nichts Besseres zu tun wußte, beschloß ich, mich bei Woolworth umzusehen. Lange Tische mit Kurzwaren, Haushaltsgeräten, Schallplatten und Krimskrams. Von den Augen einer flinken Verkäuferin geradezu hypnotisiert, kaufte ich eine Tüte Puffmais. Noch bevor ich meinen Wunsch geäußert hatte, wußte ich, daß sie in mir die Ausländerin erkannte. Es war seltsam, mit welchem Gespür man die Deutsche in mir herausfand. Dabei bildete ich mir ein, gar nicht typisch deutsch auszusehen. Ich trug ein modisches, grünes Trevirakostüm, modische Schuhe, eine schwarze Lederhandtasche, wie sie tausend andere Mädchen trugen. Und doch sah ich für sie anders aus.

Ich hätte gern gewußt, wie sie es fertigbrachten, einen Nichtengländer zu erkennen. Auch später, als ich Englisch nahezu akzentfrei sprach, blieb ich keineswegs von ihrer herablassenden Freundlichkeit verschont. Ein Ausländer wird toleriert, aber man ist vor ihm auf der Hut. Selbst wenn er zwanzig Jahre in England lebt, Steuern zahlt und eingebürgert ist, wird er doch immer der Ausländer bleiben.

Rückblickend mußte ich daran denken, daß ich mich ebenso verhalten hatte. Wir hatten in unserer Klasse ein Mädchen,

Carmen, die Tochter eines spanischen Ingenieurs. Nie wurde sie eine von uns. Das lag gewiß nicht an ihrem Akzent, sie sprach Deutsch genauso fließend wie ihre Muttersprache. Es lag auch nicht an ihrem Aussehen. Viele meiner Klassenkameradinnen waren dunkelhaarig, schwarzäugig und weitaus lebhafter als Carmen. Ich hatte mir nie Gedanken darüber gemacht, was oder wie sie war. Sie war Spanierin. Ausländerin, das genügte und stempelte sie ab. Wir luden sie zu dieser oder jener Geburtstagsfeier ein, hätten ihr aber nie Geheimnisse anvertraut oder gar unseren Freund vorgestellt.

Während ich noch auf dem Bürgersteig vor Woolworth stand, vor mich hin grübelte und Puffmais knabberte, hörte ich hinter mir plötzlich Laute, die mich wie elektrisiert zusammenschrecken ließen. Als ich mich umdrehte, gewahrte ich zwei Mädchen, die eben aus dem Warenhaus herausgekommen sein mußten und nun vor der Eingangstür stehenblieben.

Deutsche Mädchen. Sie sprachen unverfälscht saarländischen Dialekt.

Mein erster Impuls war, auf sie zuzugehen. Doch in diesem Augenblick hielt ein Bus vor mir und spie eine Menge Frauen aus, die sich im Nu zwischen mich und die Mädchen an der Tür drängten. Nie hatte die deutsche Sprache lieblicher geklungen! Ich zitterte vor Aufregung und Angst, die beiden aus den Augen zu verlieren. Vergessen war der Vorsatz, während meines Aufenthaltes in England deutsche Mädchen zu meiden. Eine Woche in England – schon war ich krank vor Sehnsucht nach meiner Muttersprache. Ich mußte mit den Mädchen reden, mich mit ihnen unterhalten! Nie wäre es mir in Deutschland in den Sinn gekommen, Unbekannte auf der Straße anzusprechen. Jetzt marschierte ich aber auf sie zu, und meine Stimme klang heiser vor Aufregung, als ich sagte: „Entschuldigen Sie, ich hörte Sie Deutsch sprechen, können Sie mir bitte sagen, wo der Bus nach Newdigate abfährt?"

Sie hießen, wie sich herausstellte, Gerlinde und Ingrid und waren seit geraumer Zeit in England. Gerlinde arbeitete im

Städtischen Hospital in Dorking, Ingrid bei einer Familie in Newdigate.

„Was glaubst du, weshalb wir so laut gesprochen haben?" fragte Ingrid später. „Ich habe auf den ersten Blick gesehen, daß du eine Deutsche bist. Gerlinde war nicht sicher. Sie meinte, du könntest Amerikanerin oder eine Besucherin aus London sein, fein wie du angezogen bist. Aber ich tippte gleich auf Deutschland und hatte recht!"

Sie trugen Sommerkleider und Strickjäckchen. Beide hatten sie gefüllte Einkaufstüten unter dem Arm. Keine trug Handschuhe oder eine Handtasche, die Engländerinnen auf der Straße übrigens auch nicht. Das fiel mir jetzt auf. Ich kam mir plötzlich herausgeputzt und „feingemacht" vor.

Andere haben es besser

Die beiden steuerten mich zu „Cinderella", einer Teestube über dem Verkaufsraum einer Konditorei, wo man bequem sitzen und durch ein Frontfenster den Betrieb auf der Straße überblicken konnte.

Als ich ihnen erzählte, daß ich bei Mrs. Kempster arbeitete, sah mich Ingrid erstaunt an, sagte aber nichts weiter als: „Wie kommst du dorthin? Gefällt es dir denn da?"

„Ich hatte es mir anders vorgestellt", sagte ich vorsichtig. „Kennst du sie?"

„Flüchtig, aber ich kenne Inge, das Mädchen, das vor Jahren bei ihr arbeitete. Meine Schwester und sie waren damals zusammen hier."

„Ihr wißt ja gar nicht, wie froh ich bin, endlich wieder einmal Deutsch sprechen zu können", sagte ich, nachdem wir unsere Bestellung aufgegeben und es uns in unseren Sesseln bequem gemacht hatten. „Englisch, nichts als Englisch den ganzen lieben Tag lang!"

„Du bist doch hier, um Englisch zu lernen?“ warf Gerlinde erstaunt ein.

„Sicher. Trotzdem macht es mich verrückt! Schaltet man das Radio ein, hört man einen englischen Nachrichtensprecher, die englische Zeitangabe, englische Schlager, obwohl es davon eine ganze Menge auch bei uns zu Hause gibt. Aber irgendwie klingen sie hier anders. Nicht einmal die Zeitung kann man mit Genuß lesen, das ist unmöglich ohne ein Wörterbuch. Selbst die Hunde bellen hier anders. Ich würde sagen: Sie bellen englisch. Ich glaube, ich denke sogar auf englisch.“

„Du bist genau auf dem richtigen Weg“, versicherte Ingrid lachend. „Es kommt dir nur in der ersten Zeit schrecklich vor. Wie lange bist du jetzt hier – eine Woche? Na, siehst du! Ich mußte mir am Anfang Satz für Satz mühsam in Gedanken übersetzen. Erst dachte ich das, was ich sagen, fragen oder antworten wollte, in Deutsch, dann übersetzte ich es Wort für Wort ins Englische – in Gedanken, wohlgemerkt! Dann ordnete ich den Wortsalat zu einem halbwegs richtigen Satz, und wenn ich dann endlich so weit war, ihn auszuquetschen, hatte mein Gesprächspartner längst die Geduld verloren. Wie oft sagte Mrs. Davies: ‚Lassen Sie nur, Ingrid, es war nicht so wichtig!‘ – Himmel, habe ich mich geschämt!“

„Hattest du keine englischen Vorkenntnisse?“

„Ein Jahr Englisch auf der Handelsschule, was ist das schon!“

„Ich hatte überhaupt keine Ahnung von Englisch, ich habe nur die Volksschule besucht“, sagte Gerlinde. „Dann arbeitete ich als Verkäuferin in einem Andenkengeschäft, bis ich eines Tages nach England ging, vielleicht deshalb, weil ich den ganzen Sommer über englische Touristen bedient hatte. Wenn ich ein bißchen nachgedacht hätte, wäre ich zuerst auf die Volkshochschule gegangen und hätte einen Anfängerkursus in Englisch mitgemacht. Hinterher kann man das gut sagen. Ich bin wenigstens besser dran als Ingrid, weil ich in Dorking wohne. Zweimal wöchentlich besuche ich einen Sprachkursus für Ausländer. Hin und wieder muß ich eine Stunde auslassen, weil es sich nicht immer mit meiner Arbeitszeit einrichten läßt. Wir haben im Krankenhaus mal morgens, mal nachmittags Dienst, an anderen Tagen von zehn Uhr bis über Mittag und spät abends. Ich habe aber schon eine ganze Menge gelernt, denn im Krankenhaus bin ich den ganzen Tag mit Schwestern und Patienten zusammen, das ist eine gute Übung. Ich bin Schwesternhelferin. Welche Ausbildung hast du?"

„Ich . . . oh – auch Schule", sagte ich.

Sie sahen wie Schwestern aus. Beide waren blond. Beide hatten runde volle Wangen und blaßrosa getönte Lippen, kecke Augen und forsche Bewegungen. Sie schienen sehr selbstbewußt und zielstrebig zu sein, zwei Eigenschaften, um die ich sie sehr beneidete. Aber sie waren nicht miteinander verwandt. Sie stammten nicht einmal aus einer Stadt. Sie hatten sich erst in England kennengelernt. Gerlinde, noch eine Spur kecker als Ingrid, kam aus Saarbrücken. Ingrid stammte aus Trier.

Gerlinde und Ingrid hatten Tee bestellt. Ich hatte um Kaffee gebeten. Eine Platte mit kleinen, zuckerüberzogenen Teekuchen stand auf dem Tisch. Es fiel mir auf, wie freundlich die Bedienung hier im Gegensatz zu den meisten Bedienungen in Deutschland war. Bereits bei unserem Eintritt hatte sie uns begrüßt wie liebe alte Bekannte. Als wir unsere Bestellung aufgaben, bedankte sie sich, und auch jetzt, während sie am Tisch hantierte, sagte sie zu jeder einzelnen von uns: „Thank you, Miss, thank you!"

Der Tee wurde in Kännchen serviert. Zu jedem Kännchen gab es ein zweites mit heißem Wasser, dazu Zucker und Milch. Das Kännchen mit heißem Wasser war neu für mich, aber daß man die Milch zuerst in die Tasse gab und erst dann den Tee zugoß, hatte ich schon im Fernsehen gesehen.

Nach dem ersten Schluck Kaffee zog ich eine Grimasse. Darüber lachte Gerlinde schallend. „Schmeckt scheußlich, was?" trompetete sie in den Raum. „Kaffee darfst du dir hier keinen bestellen, die Engländer verstehen es nicht, guten Kaffee zu kochen!"

„Nicht so laut!“ beschwor ich sie.

„Es versteht uns ja niemand!“

Ich war nicht so sicher. Die Worte „Kaffee“ und „Engländer“ verstand bestimmt jeder, das übrige konnten sie unschwer unseren Gesten entnehmen. „Im Ernst“, flüsterte ich, „das ist gar kein Kaffee! Ich möchte wissen, was sie mir da brachte ... Ob die Kellnerin mich mißverstanden hat?“

„Warum flüsterst du denn?“ brüllte Gerlinde lachend. „Sei nicht so zimperlich! Wir sind doch Ausländer, da kannst du schon mal ein Wort riskieren. Verstehen können sie uns wirklich nicht! Kein Engländer würde sich die Mühe machen, Deutsch zu lernen ...“

Mir wurde unbehaglich zumute. Aber ich kannte Gerlinde noch nicht. Mit ihrer dummen Ansicht, als Ausländerin könne sie sich in England benehmen, wie es ihr beliebe, sollte sie mich einige Wochen später in noch größere Verlegenheit bringen ...

Es war an einem anderen freien Tag. Ich saß in einer gemütlichen kleinen Teestube in der Dorkinger High Street, als Gerlinde mit einer Französin und zwei deutschen Mädchen, die sie über den deutschen Klub kennengelernt hatte, durch die High Street zog und mich an meinem Fensterplatz entdeckte. Nachdem sie mich gesichtet hatten, hielten sie zunächst eine geräuschvolle Unterhaltung vor dem Eingang und blockierten den Passanten-Verkehr. Sie waren sich offensichtlich nicht einig, ob sie mich in der Teestube besuchen oder weitergehen wollten. In Panik geriet ich aber erst, als sie mit Lärm und Getöse den Eingang stürmten, sich auf meinen Tisch stürzten, sich um die leeren Stühle balgten und mir lautstark ihre Namen zuriefen, nach meinen Händen grapschten und mir wie einen Kumpel auf den Rücken schlugen. Schließlich saßen sie. Bei der Bedienung bestellten sie vier leere Tassen. Nichts weiter. Wie ich schon erwähnte, wird in England zu jeder Kanne Tee ein Kännchen mit heißem Wasser serviert, damit man die Teekanne, in der die Teeblätter sind, beliebig nachfüllen kann. Gerlinde und ihre Bande bedienten sich aus meiner Teekanne, nachdem sie sich häuslich niedergelassen, die Beine übereinandergeschlagen und ihre Zigaretten hervorgeholt hatten. Die anderen Gäste sahen mit Erstaunen und mißbilligender Verwunderung zu uns herüber. Ich wurde abwechselnd rot und blaß.

Gerlinde beschnupperte die Teekuchen.

„Möchtest du einen?“ fragte ich.

„I wo! Kann ich nicht vertragen, von Süßigkeiten bekomme ich Pickel“, war ihre Antwort. „Ist ja keine Milch mehr da! Sag, sie soll dir noch etwas bringen!“

„Das könnt ihr nicht machen“, stotterte ich schwitzend. „Bestellt euch doch selbst Tee!“

„Dazu bleiben wir nicht lang genug! Ich wollte dir nur meine Freundinnen vorstellen.“ Sie wippte mit dem Stuhl. „Kommst du mit uns ins Hospital? Jacqueline hat neue Schallplatten mitgebracht! Du mußt sie anhören! Was sitzt du überhaupt allein hier herum?“

Die Kellnerin kam an meinen Tisch. Die Geschäftsführerin kam hinter der Registrierkasse hervor und sah stirnrunzelnd zu uns herüber. „Ich bestelle euch was“, schlug ich vor. „Das kann man doch nicht machen. Wir fallen auf! Das hier ist eine Teestube, kein Wartesaal!“

„Na und?“ Gerlinde schüttelte verständnislos den Kopf. „Stell dich bloß nicht so an, die kennen uns doch nicht!“

Ich ging zur Kasse hinüber, um zu zahlen. „Ich hatte einen Tee, bitte.“

„Auch Kuchen?“

„Nein, Madam.“

„Macht einen Shilling, bitte. Er wird Sie hoffentlich nicht umbringen!“ setzte die Kassiererin sarkastisch hinzu.

Mein Gesicht war schamrot.

Die anderen kugelten sich vor Lachen. Ich schämte mich so, daß ich monatelang nicht an dem Teehaus vorbeizugehen wagte und jedesmal einen Umweg machte, wenn ich in Dorking ein Geschäft in der oberen High Street aufsuchte.

Aber wie gesagt, an jenem ersten Morgen wunderte ich mich

nur über Gerlinde. „Klar ist das Kaffee“, trompetete sie über den Tisch. „Sie machen ihn nur anders, ein Drittel Kaffee und zwei Drittel kochende Milch!“

„Dann wäre es ja Capuccino“, widersprach ich. „Der schmeckte mir aber in Italien immer ganz gut!“

„Ich glaube, das Kaffeepulver hat hier noch einen Kakaozusatz“, mischte sich Ingrid ein. „Warum versuchst du es nicht mit Tee? Besser, du gewöhnst dich gleich daran. Es ist wirklich nur eine Sache der Gewöhnung. Wenn du erst einmal auf den Geschmack gekommen bist, möchtest du keinen Kaffee mehr trinken.“

„Niemals!“ sagte ich überzeugt. Ich zündete mir die dritte Zigarette an. „Wenn du weiterhin soviel rauchst, wirst du mit deinem Taschengeld nie hinkommen“, sagte Ingrid. „Warum gibst du es nicht auf? Ist es nicht eigentlich eine scheußliche Angewohnheit? Ich habe es auch einmal versucht, aber wenn ich jetzt nur Zigarettenrauch rieche, wird mir schon übel! Nein, nein, deshalb brauchst du sie nicht auszudrücken! Ich sag dir doch, ich hab's auch einmal probiert, und mir wurde ja so übel!“

„Mir am Anfang auch“, gestand ich. „Aber dann habe ich es immer wieder versucht, bis ich mich daran gewöhnt hatte.“

„Aber weshalb nur?“

„Ich finde, es gehört dazu. Es macht mich sicherer.“

„Spinnst du nicht ein bißchen?“ wollte Gerlinde wissen.

„Quatsch nicht!“ sagte Ingrid ungeduldig. „Sicher? Wieso, Jane? Das verstehe ich nicht.“

Meinen Kaffee schlürfend, versuchte ich, es ihr zu erklären. „Wenn ich früher in einem Café saß oder in der Milchbar“, sagte ich, „wußte ich nie, wohin mit meinen Händen. Die anderen rauchten, und ich fand es chic, wie sie ihre Zigaretten hielten. Sie machten sich lustig über mich, nannten mich rückständig und so. Natürlich machte ich mir nichts daraus. Peinlich wurde es nur, wenn ich allein dasaß oder auf jemanden wartete. Ich wußte nie, wohin ich schauen sollte, fühlte mich angestarrt ...“

„Das Gefühl kenne ich“, sagte Ingrid dankbar. „In Deutschland hatte ich das oft, hier nicht. Kein Mensch kümmert sich hier um dich."

„Mag sein. Zu Hause vielleicht auch nicht. Möglicherweise bildet man sich das nur ein. Ich erinnere mich, als ich sechzehn war, da war es ganz schlimm. Bei jeder Gelegenheit wurde ich rot. Aber als ich das erste Mal rauchte, war ich ruhiger ..."

„So lange rauchst du schon? Ist das eigentlich nicht schädlich? Was sagen denn deine Eltern dazu?"

„Gern sehen sie es nicht, ist doch klar! Aber sie wissen natürlich nicht, daß ich so stark rauche, das tue ich auch nur, wenn ich nervös bin."

„Sorgen habt ihr!" sagte Gerlinde. „Ich rauche, weil es mir Spaß macht, gelegentlich. Eure Probleme habe ich nicht! Haben deine rotbemalten Fingernägel auch etwas damit zu tun?"

Ich schaute auf meine Hände. Sie sahen wirklich unschön aus. Der Schmutz, der sich durch die Hausarbeit eingefressen hatte, der an manchen Stellen abblätternde Nagellack und der abgebrochene Zeigefingernagel machten sie unansehnlich. Trotzdem hatte Gerlinde kein Recht, sich über mich lustig zu machen. Ich war wütend auf sie. Und ein bißchen auch auf Ingrid und auf mich selbst. Wie kam ich dazu, diesen fremden Mädchen mein Herz zu öffnen? Mein Heimweh hatte mir einen üblen Streich gespielt.

„Mach dir nichts draus", sagte Ingrid einlenkend. „Gerlinde meint es nicht so!"

„Klar, meine ich es so", sagte Gerlinde gehässig.

„Vergeßt es! Wozu darüber streiten? Was anderes! Gibt es hier einen guten Damenfriseur?" fragte ich kühl.

„Willst du deine schönen Haare abschneiden lassen?" lautete Gerlindes Gegenantwort.

Wollte ich meine Haare abschneiden lassen? Fast war ich bereit, daran zu glauben, da jeder, den ich nach einem Friseur fragte, nur diese eine Möglichkeit in Betracht zog. „Ja und nein! Aber es ist nicht so wichtig. Jetzt muß ich aber gehen", sagte ich.

„Was hast du heute nachmittag vor? Wollen wir nicht zusammenbleiben?“ fragte Ingrid enttäuscht. Ich erklärte ihr lahm, daß ich noch nicht zu Mittag gegessen hätte und verschiedenes einkaufen wollte.

Sie kannten eine Imbißstube, wo man gut und billig essen konnte. Wieder fiel Gerlinde durch ihr lautes Benehmen auf.

Im Warenhaus kauften wir ein Glas Kaffee-Extrakt. Da Gerlindes Dienst um drei Uhr begann, verabschiedete sie sich am Bus von uns. Ingrid und ich fuhren nach Newdigate zurück, um unseren Kaffee bei Ingrid zu trinken. „Uff!“ sagte Ingrid. „Ziemlich anstrengend, die Gerlinde, was?“

Das Haus, in dem die Davies’ wohnten, war ein riesiger Bruchsteinkoloß in einem großen, verwilderten Garten, der hinter dem Tennisplatz in einen urwaldähnlichen Park überging. Wildwuchernder Rhododendron drängte seine Zweige gegen das brüchige Mauerwerk. Abgebröckelter Mörtel lag vor dem Eingang. Die Marmorfliesen zeigten tiefe Löcher.

„Früher war es ein Kastell“, sagte Ingrid. „Mr. Davies hat es von einer entfernten Verwandten geerbt, hat aber kein Geld, es instand setzen zu lassen. Wenn es jemand haben wollte, hätte er es längst verkauft.“

„Ich finde es romantisch“, sagte ich.

„Nicht, wenn du es sauberhalten mußt! Komm herein, zier dich nicht! Es ist ohnehin niemand da!“

Sie bewegte sich ungezwungen wie jemand, der sich zu Hause fühlt. „Wollt ihr wohl!“ Mit diesem Ruf scheuchte sie die beiden Hunde auf, die es sich auf der Couch bequem gemacht hatten und bei unserem Eintritt schuldbewußt die Schnauzen in die Polster drückten.

Die Halle hatte riesige Ausmaße. Sie nahm fast das ganze Erdgeschoß ein und diente als Wohn- und Speisezimmer. Sie war ganz nach meinem Geschmack. Hier hätte ich leben mögen. Schon als kleines Mädchen hatte ich für alte Häuser geschwärmt. Fasziniert blickte ich mich um. Die Einrichtung war alt, behaglich und gediegen. Breite Bücherregale, vom Fußboden bis zur Decke, nahmen die eine Seite des Raumes ein. An der Wand gegenüber hingen kostbare Gemälde und Reproduktionen moderner Maler wie Beckmann, Picasso und Léger. Man sah auf den ersten Blick, daß dieses das Heim glücklicher Menschen war.

Ingrid teilte meine Begeisterung ganz offensichtlich nicht. „Sieh dir das an!“ stöhnte sie und deutete voll Abscheu auf die Flecken, die die Hunde mit ihren Pfoten auf dem weißen Lammfell hinterlassen hatten. „Es ist immer das gleiche! Seit ich hier bin, führe ich einen hoffnungslosen Kampf gegen die Hunde, Spinnen, gegen den Sand, den die Hunde hereinschleppen, und gegen Mrs. Davies und den Schmutz, den sie hereinbringt. Sich beschweren nützt nichts. Mrs. Davies legt keinen Wert auf eine saubere Wohnung, und Mr. Davies legt keinen Wert darauf, weil Mrs. Davies sich nichts daraus macht. Sie macht sich auch nichts aus gutem Essen, also ist es auch Mr. Davies egal, was ich auf den Tisch bringe. Ich könnte ihnen Pflastersteine vorsetzen oder rohe Schnecken, sie würden es nicht einmal bemerken!“

Ihre Verzweiflung war zu komisch. „Sei froh, daß sie dich so wenig behelligen, das ist doch ein idealer Arbeitsplatz“, warf ich ein.

„Klar, das bin ich! Warum wäre ich sonst hier?“ sagte Ingrid strahlend. „Meine Schwester war lange genug hier, um zu wissen, weshalb sie mir diese Stelle empfahl. Kein Mensch kümmert sich um meine Arbeit! Ich kann machen, was ich will. Wenn der Laden nur einigermaßen läuft, sind sie zufrieden. Ich putze, wann ich will, ich wasche, wann es mir paßt. Mit dem Kochen ist es genauso. Ich koche nur die Gerichte, die mir schmecken, also meistens deutsche. Mrs. Davies interessiert sich nicht für ihren Haushalt. Alles, woran Mrs. Davies interessiert ist, sind ihre Hunde, Tennisspielen, Reiten und Mr. Davies. Für Mrs. Davies gilt das gleiche, nur in umgekehrter Reihenfolge. Wie ein Turteltaubenpaar! Sie sind schon zwölf Jahre verheiratet, und ob du es glaubst oder nicht!“ Hier machte sie eine Pause und sah mich bedeutungsvoll an: „Sie schlafen noch immer zusammen in einem Bett! Ist das nicht shocking?“

Ich fand diese Tatsache weniger schockierend, aber Ingrids Entrüstung so spaßig, daß ich laut lachte.

„Du glaubst es nicht“, sagte Ingrid gekränkt. „Ich schwöre dir, es ist die Wahrheit! Ich zeige dir nachher ihr Schlafzimmer, erinnere mich daran, falls ich es vergesse! Du kannst dich selbst überzeugen!“

„Mache ich“, versprach ich ihr. Gleichzeitig ertappte ich mich dabei, wie ich vorwitzig in jeden Winkel dieses fremden Hauses spähte. Alles hatte prickelnden Reiz für mich. Dienstbotentratsch! Wie aufregend!

Hier, in einem fremden Haus, dessen Besitzer ausgegangen waren, spürte ich ihren kleinen privaten Geheimnissen nach und schämte mich nicht einmal!

Ich fragte mich im stillen, ob Lilli das bei uns zu Hause auch tat. Was mochte sie wohl über die Unordnung in meinem Zimmer gedacht haben? Und mein Tagebuch, das ich gewöhnlich völlig gedankenlos herumliegen ließ! Ob sie darin gelesen hatte? Ingrid würde es tun. Und ich? Auch ich hatte bereits Mrs. Kempsters Schubladen inspiziert. Vorgesetzter zu sein erschien mir plötzlich gefährlicher und schwieriger, als eine gute Untergebene zu sein. Von einem Vorgesetzten erwartet man unbedingte Vollkommenheit. Das fängt in dem kleinen, engbegrenzten Bereich einer Hausfrau an. Wie kann ich jemanden wegen eines unordentlich zusammengefalteten Tischtuches rügen, wenn in meinen eigenen Dingen größtes Durcheinander herrscht?

Ingrids Küche war makellos sauber und aufgeräumt. „Was stöhnst du denn?“ sagte ich. „Bei dir glänzt doch alles!“

„Ja, aber nur, weil seit heute morgen niemand mehr hier war!“

„Meine Küche müßtest du mal sehen!“ sagte ich. „Weiß der Himmel, was ich anstelle, ich kann die Fliesen einfach nicht sauberbekommen.“

„Lernst du auch noch!“ meinte Ingrid.

„Hoffentlich bald! Bevor Mrs. Kempster die Geduld verliert."

Wir füllten die Kanne mit kochendem Wasser, stellten Tassen, Zucker und Sahne auf ein Tablett und trugen es in Ingrids Zimmer. Im Vorbeigehen plünderte Ingrid die Vorratskammer und ließ eine halbe Dose Gebäck und ein Stück Früchtekuchen mitgehen.

„Das ist ein Fest!" sagte sie mampfend. „Machst du den Kaffee? Die Dose ist in meiner Tasche!"

Sie benahm sich völlig ungezwungen, als kennten wir uns schon Jahre. Während ich den Kaffee zubereitete, begann sie sich auszuziehen. Zunächst flogen die Schuhe unter das Bett, ein richtiges Holzbett mit Sprungrahmen, Matratze und Kopfkissen. Dann zog sie ihr Kleid, Strümpfe und Unterkleid aus, angelte hinter einem Vorhang nach einem Paar zerschlissener Pantoletten und schlüpfte in Shorts und eine verwaschene Hemdbluse. Krach! ließ sie sich auf ihr Bett plumpsen. Den einzigen Sessel in ihrem Zimmer wies sie mir an. „Warum machst du es dir nicht auch bequem?"

„Wieso?" fragte ich.

„Zieh dich doch aus! Du mußt ja umkommen in dem Kostüm! Ich leihe dir was von mir. Leg die Jacke über das Bett. Du kannst auch ruhig im Unterrock sitzen, wenn du willst, mir macht das nichts aus."

„Danke, es geht so", wehrte ich ab und zog nur die Jacke aus. „Mir ist nicht zu heiß."

„Der Kaffee ist herrlich!" nuschelte Ingrid schlürfend. „Wo fehlt's denn? Heimweh, oder was sonst? Warum setzt du dich nicht? Nimm doch! Unten ist noch mehr." Sie schob mir die Dose zu.

Genüßlich ließ ich mich in den tiefen Sessel fallen, versank bis zu den Armen, seufzte und streckte die Beine ins Zimmer. „Was weißt du über Mrs. Kempster!" fragte ich. „Du kennst doch Inge, das Mädchen, das vor mir bei ihr war."

„Eine ganze Weile vor dir", berichtete Ingrid. „Inzwischen hat Mrs. Kempster viele andere Mädchen gehabt. Keines blieb lange.

Ich glaube, Inge war das einzige, das mit ihr auskam. Es wußte sie zu nehmen. Meine Schwester und Inge waren fast drei Jahre hier."

„Und wie hat sie das angestellt?"

„Weiß ich auch nicht! Mrs. Kempster ist ziemlich merkwürdig, das steht fest! Ich sehe sie ein- oder zweimal im Monat, wenn Kempsters zum Essen bei uns sind. Mr. Davies ist Vizepräsident in einer von Mr. Kempsters Banken. Sie ist aalglatt, immer vornehm, liebenswürdig. Trotzdem halte ich nicht viel von ihr. Inge hatte es jedenfalls nicht leicht mir ihr."

„Nicht leicht! Du müßtest sie einmal erleben!" sagte ich.

„Vielleicht hat sie einen kleinen Tick", überlegte Ingrid. „Manchmal habe ich den Eindruck, als stimme etwas nicht mit ihr. Warum nimmst du es nicht von dieser Seite? Weißt du, daß sie früher Mr. Kempsters Sekretärin war? Ein ganz armes Mädchen!"

„Du meinst, deshalb spielt sie sich jetzt so auf?"

„Möglich", meinte Ingrid. „Mr. Kempster war schon einmal verheiratet. Er hat einen Sohn, der in Kanada lebt. Die Schwiegertochter soll im vergangenen Jahr bei einem Autounfall ums Leben gekommen sein."

„Mrs. Kempster hat selbst keine Kinder, nicht wahr?"

„Sie hatte vor ein paar Jahren eine Unterleibs-Operation."

„Mrs. Jay erzählte mir, sie sei vom Pferd gestürzt."

„Ist sie auch, und danach wurde sie operiert."

„Vielleicht ist sie deshalb so kratzbürstig."

„Wegen der Operation? Du bist verrückt!" sagte Ingrid. „Sie war vorher schon so. Schade, daß du dich nicht einmal mit Inge darüber unterhalten kannst."

„Ja, schade", sagte ich und goß mir noch eine Tasse Kaffee ein. „Darf ich rauchen?"

„Nur zu", lachte Ingrid. „Weißt du, manchmal juckt es mich ja, es auch noch einmal zu versuchen!"

„Willst du eine?"

Ingrid schüttelte den Kopf. „Besser nicht!"

„Ich will dich nicht verführen." Ich machte ein paar lange, tiefe Züge. „Ich bin ziemlich am Ende", gestand ich ihr kläglich. „Nachts weine ich mir die Augen aus, dir kann ich es ja sagen, Ingrid." Sie nickte. Das Kinn in die Hände gestützt, hörte sie mir aufmerksam zu. „Es ist alles so anders, als ich es mir vorgestellt hatte! Das schlimmste ist, daß Mrs. Kempster nicht viel von mir hält. Sie ist mit meiner Arbeit nicht zufrieden. Ich bin eine Niete in Hausarbeit, das muß ich zugeben. Natürlich habe ich nicht gewußt, daß ich auch kochen, ich meine selbständig kochen, und den ganzen Haushalt allein führen muß. Ich dachte mir, Hausarbeit kann jedes Mädchen, das liegt doch in der weiblichen Natur, nicht wahr? Aber nicht bei mir, ich bin eine ganz große Fehlanzeige!"

„Komm, komm!" sagte Ingrid. „Jetzt machst du dich schlechter, als du bist! Vielleicht arbeitest du nur zu gründlich, zu gewissenhaft! Sicher hast du zu Hause auch geholfen – nicht? Das ist schlecht! Wir sind sechs Kinder zu Hause, da mußte jedes ran und zupacken, ob es einem gefiel oder nicht. Trotzdem läßt es sich lernen. Vor allen Dingen darfst du dir nicht anmerken lassen, daß du unsicher bist. Und sag zu allem ja und amen. Mrs. Kempster ist allergisch gegen Widerspruch, das habe ich selbst erlebt, wenn sie mit Mrs. Davies aneinandergeriet. Sie weiß alles besser, und sie kann alles besser. Außerdem ist sie die Schönste im ganzen Land, glaubt sie! Wenn sie einmal raunzt, dann nimm es dir nicht zu Herzen. Was glaubst du, was ich mir manchmal alles anhören muß, selbst von Mrs. Davies, die mich im allgemeinen schalten läßt, wie es mir beliebt. Hauptsache, du lernst Englisch! Wenn du es gar nicht mehr aushalten kannst, fährst du einfach heim! Was hält dich hier?"

„Damit alle zu Hause mit den Fingern auf mich zeigen!" unterbrach ich sie entrüstet. „Was glaubst du, wie sie lachen würden!"

„Deine Empfindlichkeit kannst du ruhig ablegen", sagte Ingrid. „Vielleicht liegen darin deine Schwierigkeiten, du nimmst alles zu tragisch!"

Ingrid war so offen, warmherzig und so unkompliziert, daß ich nur staunte. Dieses kleine Persönchen besaß eine Kraft und Energie, die mich neidisch machte. Nichts konnte sie erschüttern, kein noch so großer Widerstand mutlos machen. Vielleicht ist es besser, in einer großen Familie aufgewachsen zu sein, überlegte ich, mußte mir aber ehrlicherweise sagen, daß dies keine Entschuldigung für mein Versagen war. Meine Probleme waren im Gespräch mit ihr plötzlich nicht mehr unlösbar. Ich war froh, ihr begegnet zu sein.

„Ich finde dich prima, Ingrid", sagte ich. „Unser Gespräch bleibt doch unter uns, nicht wahr?"

„Was denkst du! Ich finde es auch prima, daß wir uns getroffen haben. Was glaubst du, wie allein ich manchmal bin! Gerlinde sehe ich immer nur kurz. Mit den Engländern bekommt man keinen Kontakt. Gerlinde lernt durch ihre Arbeit im Krankenhaus eine Menge Leute kennen. Manchmal wird sie von Patienten, die entlassen werden, nach Hause eingeladen. Ich war noch nie in einem englischen Haus zu Besuch, obwohl ich schon fast ein Jahr hier bin. Ich habe es auch .nicht erwartet, meine Schwester hatte mir das vorausgesagt. Trotzdem habe ich nicht geahnt, wie einsam man hier ist. Meine Schwester hatte Inge, sie trafen sich regelmäßig. Ich bin glücklich, dich jetzt in der Nachbarschaft zu haben, wenn es auch ein gutes Ende bis zu euch hinaus ist. Mrs. Davies hat ein altes Fahrrad, das ich benutzen kann. Wenn du willst, könnte ich abends öfter zu dir kommen."

„Wenn du nicht zu müde bist!" sagte ich. „Ich bin abends einfach tot."

„Am Anfang ging es mir auch so, das macht die Luftveränderung. Wir haben nicht oft Gäste, weil es zu teuer ist, vermutlich. Ich könnte dir also helfen!"

„Das würdest du tun?" Ingrid gefiel mir immer besser.

„Klar, was ist schon dabei!" sagte sie großartig. Ihr kleines Gesicht sah sehr entschlossen aus. „Mach uns noch einen Kaffee, willst du?"

„Gibt es hier keinen Klub?" fragte ich.

„Nicht hier, leider!“ sagte Ingrid gähnend. „Auf dem Lande ist es damit schlecht bestellt. In London haben sie mehrere Klubs, in denen die Mädchen zusammenkommen. Der Sprachunterricht ist auch organisiert. Wir leben hier am Ende der Welt! Das geht einem anfangs ganz schön an die Nerven. Ich habe auch oft genug geheult, du brauchst also nicht zu denken, daß du eine Ausnahme bist.“

„Aber du hast eine bessere Stellung.“ Gedankenverloren zündete ich mir eine neue Zigarette an, obwohl die andere noch im Aschenbecher glimmte. „Entschuldige, ich bin ziemlich nervös“, sagte ich und drückte den Stummel aus.

„Meinst du nicht, daß du davon noch nervöser wirst?“ fragte Ingrid.

„Im Gegenteil, rauchen beruhigt mich, außerdem nimmt es den Hunger!“

„Ich weiß nicht“, sagte Ingrid. Sie betrachtete mich zweifelnd. „Sagt Mrs. Kempster nichts dazu? Warum willst du überhaupt abnehmen? Du bist doch gar nicht zu dick!“

„Ich will nicht abnehmen“, sagte ich, und mein Lachen klang leicht verlegen. „Mr. und Mrs. Kempster sind keine großen Esser. Mir sind die Portionen jedenfalls zu klein.“

Ingrid stand auf und reckte sich. Dann ging sie zum Fenster, machte es zu und zog die Gardinen vor. „Ja“, sagte sie seufzend, „das ist hier so üblich. Der Herr des Hauses legt das Essen vor. Warum machst du es nicht wie ich? Ich wäre schön blöde, wenn ich hungerte! Statt der von Mrs. Davies angegebenen Menge gebe ich immer zwei oder drei Kartoffeln für mich extra hinzu. Auch das Gemüse setze ich reichlicher auf. Wenn ich dann die Schüsseln zum Auftragen fülle, lasse ich meine Portion in den Töpfen zurück. Von Mr. Davies lasse ich mir nur das Fleisch herausreichen. Ich habe ihm klargemacht, daß ich mich mit allem anderen selbst versorge, da es irrsinnig wäre, das Gemüse erst ins Speisezimmer zu tragen und dann an der Durchreiche wieder in Empfang zu nehmen. Er hat das eingesehen. Laß dich auf keine lange Diskussion mit Mrs. Kempster ein, sage ihr einfach, wie du es handhaben möchtest. Du mußt versuchen, mit ihr klarzukommen, das müßte doch möglich sein! Du bist gebildet, gut erzogen, Dinge, auf die sie großen Wert legt. Aber versuche nicht, mit ihr zu konkurrieren, im Make-up, in deiner Kleidung, im Aussehen, das schätzt sie nicht. Und mach nicht soviel mit deinen Haaren daher, das liebt sie schon gar nicht!"

„Nein?" sagte ich überrascht. „Wie ist das möglich?"

Ingrid blieb vor mir stehen. „Wenn ich es dir sage! Auch so ein Tick von ihr! Du wolltest deine Haare heute waschen und legen lassen, nicht wahr? Mach das besser selbst. Kaum ein Mädchen geht hier dafür zum Friseur, außer die wohlhabenden Frauen, die sich alle paar Wochen in London zur Haarpflege anmelden. Die Friseure sind wahnsinnig teuer. Man würde es dir übelnehmen und dich für einen Angeber halten."

„Das wußte ich nicht", sagte ich betroffen.

„Natürlich nicht, deshalb sage ich es dir ja."

„Lauter Tabus", schnupfte ich. „Da soll noch einmal jemand behaupten, England sei ein großzügiges Land!"

„Oh, das ist es auch", sagte Ingrid zu meiner Überraschung. „Im Grunde genommen läßt es sich ganz gut hier leben. Einer kümmert sich nicht um den anderen. Du kannst als Frau mit einer brennenden Zigarette über die Straße gehen oder die Regierung öffentlich beschimpfen, niemand wird dich daran hindern. – Letzteres allerdings nur, wenn du Brite bist. Als Ausländerin läßt du das besser bleiben. Sie sind äußerst empfindlich gegen die Kritik eines Nichtengländers. Aber sonst hast du hier das freieste Leben der Welt!"

„Du weißt aber eine ganze Menge über England!" staunte ich.

„Klar", sagte Ingrid spitzbübisch. „Ich habe es auch auf die harte Art lernen müssen. Das kannst du dir sparen, wenn du meine Tips beherzigst! Und jetzt laß uns um Himmels willen mal von etwas anderem reden! Erzähl ein bißchen von zu Hause!" Sie kratzte sich an der Nase. „Hör mal, würdest du mir eine von deinen Zigaretten geben? Ich möchte mich auch mal überlegen fühlen."

5 6795-11

Die schönste Stunde – der Mitternachtsimbiß

An diesem Abend nahm ich zum erstenmal Mrs. Jays freundliche Einladung an, mit ihr und ihrem Mann in ihrem gemütlichen kleinen Wohnzimmer zu sitzen und fernzusehen.

„Wie nett, daß Sie uns besuchen“, sagte Mr. Jay, als seine Frau mich ins Wohnzimmer brachte. Er erhob sich aus seinem Schaukelstuhl und kam mir entgegen. „Jetzt wohnen wir schon über eine Woche zusammen und haben uns noch gar nicht kennengelernt.“

„Aber jetzt ist sie da, und es wird hoffentlich nicht der letzte Besuch sein“, lächelte Mrs. Jay und streichelte meinen Rücken.

„Hast du noch eine Schüssel von den Himbeeren für unseren Gast, Ma?“ fragte Mr. Jay. „Hier, nehmen Sie meinen Sessel, der andere ist wackelig.“ Er blieb stehen und wartete, bis ich mich gesetzt hatte, während Mrs. Jay in die Küche ging, um die Himbeeren für mich zurechtzumachen. „Haben Sie sich schon ein bißchen eingelebt?“ Seine Augen forschten in meinem Gesicht. Er hatte wache, kluge Augen und ein lebhaftes Mienenspiel. „Mrs. Jay ist Ihnen gern behilflich, wissen Sie! Und ich natürlich auch, wenn Ihnen der Rat eines alten Mannes nützlich sein kann. Jeder Anfang ist schwer, aber nirgends so sehr wie in einem fremden Land. Machen Sie sich nichts daraus, Sie werden es schon schaffen! Sie sind doch ein mutiges junges Mädchen, habe ich recht?“

Was wußte er von mir? Hatten sich meine Schwierigkeiten schon herumgesprochen, und wollte er mir jetzt bedeuten, daß ich keinen Grund hätte, verzweifelt zu sein? Seine Augen verrieten seine Gedanken nicht. Er sah mich forschend, aber nicht aufdringlich neugierig an.

Im Laufe des Abends sollte ich entdecken, daß sich hinter der Maske des rauhbeinigen Farmers ein belesener, kluger und humorvoller Mann verbarg, dessen tagsüber zur Schau getragene Kurzangebundenheit nur eine Tarnkappe war, mit der er seine Schüchternheit zu verbergen suchte, die er am Abend mit seinem Overall ablegte. Er beherrschte jede Spielart des feinen, unterkühlten Humors, wie er für den Engländer typisch ist, und wenn er seine Augenbrauen hob und den Schnurrbart lässig zwirbelte, sah er aus, als wäre er einem Stück von G. B. Shaw entnommen.

Nachdem wir uns durch einen mittelmäßigen Film gequält hatten, schalteten wir den Fernseher ab und fingen an zu plaudern. Es stellte sich heraus, daß Mr. Jay ein großer Kenner und Liebhaber deutscher Volksmusik war. Er hatte das Ende des Zweiten Weltkrieges in Norddeutschland erlebt, wo er eine Zeitlang bei einem Organisten in Quartier gelegen hatte, mit dem er auch nach seiner Übersiedlung ins Camp befreundet geblieben war. Dieser Mann aus der Lüneburger Heide hatte ihm zum Abschied eine wertvolle Schallplattensammlung geschenkt mit Kompositionen von Haydn und Schumann und Löns-Liedern. Mr. Jay spielte mir ein paar Sachen vor, und ich, die ich anfangs nur aus Höflichkeit zugehört hatte, bat ihn zum Schluß sogar um eine Zugabe.

Meine Begeisterung schien ihn zu freuen. Nur Mrs. Jay langweilte sich. Erst schlief sie eine Weile, dann ging sie hinaus. Daß sie nicht mehr in ihrem Sessel saß, bemerkten wir erst, als Mr. Jay sich nach einem Titel, den er nicht finden konnte, bei ihr erkundigen wollte. Das brachte mich in Verlegenheit, aber Mr. Jay wehrte ab. „Sie hat draußen zu tun."

„Vielleicht sollten wir trotzdem aufhören", bat ich.

„Gut", sagte Mr. Jay, „plaudern wir!"

Von den Liedern bis zu den englischen Klassikern war es nur ein kleiner Schritt. „Waren Sie schon einmal in Stratford on Avon?" fragte Mr. Jay, beantwortete aber seine Frage selbst und bemerkte: „Natürlich nicht! Können Sie sich auch sparen, Jane, dem Geist Shakespeares begegnen Sie dort doch nicht. Den finden Sie nur zwischen zwei Buchdeckeln. Auf der Bühne nicht immer."

„Wir haben ihn in der Schule oft gelesen."

„War es eine gute Übersetzung?"

„Das weiß ich nicht."

„Sicher interessiert Jane sich mehr für die Liverpool-Boys", warf Mrs. Jay augenzwinkernd ein. Sie kam aus der Küche mit einem Tablett, auf dem eine Kanne Zitronensaft stand, heiße Milch für Mr. Jay, Butter und süße, frisch gebackene Honigbrötchen. „Ein kleiner Imbiß vor dem Zubettgehen, greifen Sie zu, Jane!" forderte Mr. Jay mich auf. „Mit leerem Magen schläft man schlecht."

„So spät ist es schon?" sagte ich erschrocken.

„Es freut mich, wenn es Ihnen bei uns gefallen hat", sagte Mrs. Jay. Und mit einem lächelnden Seitenblick auf ihren Mann: „Mein Mann kann ein ziemlicher Langweiler sein. Ich hoffe, er hat Sie nicht zu sehr ermüdet."

„Gar nicht, Mrs. Jay!" beteuerte ich.

Mr. Jay lachte. „Wir haben uns großartig unterhalten, nicht wahr, Jane? Und soll ich Ihnen etwas sagen, junge Dame? Ich mag die Liverpool-Boys auch! Ist nicht die schlechteste Musik, die sie machen. Jedes Zeitalter sucht und findet seine eigene, ihm gemäße Ausdrucksform, denken Sie nur an die alten Negerspirituals! Mein Sohn Andy hat so ziemlich alle Platten der Boys; ein paar davon sind oben in seinem Zimmer. Wenn Sie uns das nächste Mal besuchen, nehmen wir sie uns einmal vor, Jane. Wollen Sie?"

„Ja! Gern, Mr. Jay!" sagte ich begeistert.

Die Honigbrötchen schmeckten herrlich. „Ihre Biskuits sind wunderbar, Mrs. Jay! Sie vergehen auf der Zunge. Könnte ich nur auch so backen und kochen wie Sie!"

„Das lernen Sie noch! Nur nicht mutlos werden. Kommen Sie zu mir, wenn's mal nicht weitergeht. Sie waren bisher auf der Schule, sagte Mrs. Kempster?" Ich nickte kauend.

„Dann bedeutet das alles eine große Umstellung für Sie."

Mr. Jay zwirbelte seinen Schnurrbart. „Vielleicht könnten wir jetzt gleich eine von Andys Platten spielen“, schlug er vor. Er schien richtig aufgekratzt zu sein. „Was halten Sie davon, Jane?“

Ich sah Mrs. Jay an. „Ich denke, wir sollten jetzt erst einmal etwas vom Schlafen halten“, mahnte diese. „Es ist wie bei Andy“, wandte sie sich zu mir. „Wenn Andy hier ist, finden die beiden auch nie ins Bett. Jetzt müssen Sie herhalten, Jane! Ich warne Sie!“

Ich lachte glücklich. Ich hatte mich lange nicht mehr so wohl gefühlt.

„Wie stellst du dir das Aufstehen vor, John?“ fragte Mrs. Jay ihren Mann. „Du kommst ohnehin nie heraus, und Jane hat morgen wieder einen anstrengenden Tag.“

Es war sehr spät, als ich in mein Zimmer kam. Aber ich fühlte mich nicht müde. Ich war vergnügt und munter. Mein Ausflug nach Dorking hatte sich gelohnt. Der ganze Tag war schön gewesen. Ich hatte eine Menge gelernt, und ich war entschlossen, mich nicht länger unterkriegen zu lassen. Zwar konnte ich immer noch nicht kochen, aber ich hatte keine Angst mehr. Und das, dachte ich, ist der erste Schritt zum Erfolg! Mit der Welt ausgesöhnt, ohne Bedauern und ohne das leiseste Gefühl von Heimweh löschte ich das Licht und schlief sogleich ein.

Die nächsten Tage ließen sich auch wirklich gut an. Wenn ich nicht mit Ingrid zusammen war, verbrachte ich meine Abende bei den Jays. Mit den anderen Leuten von der Farm kam ich kaum zusammen.

Eine Ausnahme bildete lediglich Tom. Tom war Kraftfahrzeug-Mechaniker von Beruf, arbeitete aber jetzt als Stallbursche auf der Beechwood-Farm. Er wohnte bei seinen Eltern in Dorking und kam täglich im Morgengrauen zur Arbeit gefahren. Das Geknatter seines Motorrades weckte mich am Morgen.

Er hatte nicht viel zu tun, suchte die Arbeit auch nicht. Wenn er die Pferde gestriegelt und auf die Koppel getrieben hatte, wenn die Kühe gemolken, die Milch abgesahnt und die Ställe gesäubert waren, was größtenteils maschinell geschah, war seine tägliche Arbeit im wesentlichen beendet. Die Wartung der Ackergeräte und Traktoren, die ihm übertragen war, handhabte er sehr großzügig.

Wenn ich ihn sah, war er gewöhnlich damit beschäftigt, sich vor einem Taschenspiegel zu kämmen. Er trug stets eine Lederjacke, Schaftstiefel und enge schwarze Lederhosen. Seine Haare hingen ihm, trotz der Pflege, die er ihnen angedeihen ließ – ich hatte ihn im Verdacht, Pomade dosenweise zu benutzen –, wie eine krause Gardine über die Stirn.

Sobald Tom mich erblickte, begann er eifrig zu pfeifen. Ob ich Wäsche zum Trocknen aufhing, Salat abschnitt oder im Gemüsegarten Erdbeeren pflückte, ich konnte sicher sein, mit einem aufreizend schrillen Pfiff von ihm bedacht zu werden. War es ihm geglückt, meine Aufmerksamkeit auf sich zu lenken, machte er sich für mich „schön". Trotz seiner Aufdringlichkeit konnte ich ihm nicht böse sein. Wenn ich den schweren Wäschekorb hochhob, war Tom zur Stelle, um ihn mir abzunehmen und ins Haus zu tragen. Hatte ich Schwierigkeiten mit der Wäscheleine, spannte er sie für mich oder rollte sie auf. Dabei sprach er nie auch nur ein Wort. Er sah mich an, beobachtete mich, pfiff hinter mir her.

Das irritierte mich zwar, aber in gewisser Weise schmeichelte es mir auch.

Eines Nachmittags im Juli war ich auf dem Weg zu Ingrid, als mich Tom auf der Landstraße überholte. Fünfzig Schritte vor mir brachte er sein Motorrad zum Stehen, wendete, kam zurück und drehte eine Ehrenrunde. Hart neben mir hielt er an. Taschenspiegel und Kamm traten in Aktion, und mit einem schrägen Grinsen deutete er hinter sich auf den Sitz. „Wo soll's denn hingehen?" fragte er. „Was dagegen, mitzufahren? Steig auf, Baby, ich bring dich."

„Ich möchte zum Woodside-Haus", sagte ich, verblüfft durch die Kürze seiner Sätze und die direkte Aufforderung.

„Kenn ich, Baby, liegt an meinem Weg."

„Und es macht Ihnen nichts aus, mich mitzunehmen?“ fragte ich belustigt.

„Wenn's dir nichts ausmacht mitzufahren ... Übrigens, mein Name ist Tom. Was ist nun, fahren wir?“

Ich schwang mich auf den Rücksitz.

„Boy! Werden die Kerls staunen“, sagte er und brauste mit mir davon.

Er fuhr wie von Sinnen. Ein umgestürzter, quer über der Straße liegender Baum war für ihn kein Hindernis. Die Kurven nahm er grundsätzlich auf der falschen Straßenseite. Lastwagen überholte er, wann und wie es ihm paßte, mal von links, mal von rechts.

Als er aber an der Abzweigung zum Woodside-Haus vorbeiraste, ohne anzuhalten, war für mich der Spaß zu Ende.

„Halten Sie an! Lassen Sie mich absteigen! Was fällt Ihnen ein, wo wollen Sie mit mir hin?“ brüllte ich ihm ins Ohr. Er drehte den Kopf zurück und lachte. Was er antwortete, wehte der Fahrtwind an mir vorbei. Ich hatte nicht einmal Geld bei mir. Brächte er mich nicht wieder zurück, säße ich ganz schön in der Tinte. Ich wußte nicht, was größer war: meine Angst herunterzufallen, mein Zorn über ihn oder meine Wut über meinen Leichtsinn. Ich hämmerte mit den Fäusten auf seinen Rücken. Endlich wendete er. „Dachte, du wärst ein guter Sport“, sagte er, als wir vor Ingrids Haus angekommen waren. Er meinte Kumpel.

„Ich dachte, Sie wären ein Gentleman!“ sagte ich und befühlte meine schmerzende Rückenpartie.

„Weißt du, was ein ‚bore‘ ist?“ fragte er mit breitem Grinsen.

„Ein ‚bore‘?“ fragte ich zurück.

Das Grinsen auf seinem Gesicht wurde noch um eine Spur unverschämter. „Wiedersehen, Baby-bore!“ Damit brauste er davon und ließ mich in einer Auspuffwolke zurück.

„Weißt du, was ein ‚bore‘ ist?“ fragte ich später Ingrid.

„Ein ‚bore‘? Laß mich nachdenken!“ Sie war damit beschäftigt, das Fell des Cocker-Rüden Lester zu bürsten. Lady Winston, sein Cocker-Weibchen, schaute träge zu und sonnte sich. „Ich hab's! Bemüh dich nicht weiter!" schrie ich plötzlich auf. „Es ist abgeleitet von dem Verb ‚to bore', sich langweilen. Ein ‚bore' ist ein langweiliger Mensch!"

„Und wer ist dieser langweilige Mensch? – Halt still, Lester!"

„Ich", sagte ich wütend. „So ein unverschämter Kerl! Dem werd' ich's geben! Hat die Welt so etwas schon erlebt!"

„Ich versteh' gar nichts!" sagte Ingrid.

„Das wirst du gleich", versprach ich ihr und erzählte mein Erlebnis mit Tom.

„Was regst du dich auf?" antwortete Ingrid gleichmütig. „Wenn du so offenherzig herumläufst, oben wie unten, kannst du nichts anderes erwarten."

„Wie bitte?" Ich verstand die Welt nicht mehr. „Wer läuft offenherzig herum? Ich trage ein Minikleid! Schließlich ist es modern! Und darf ich dich daran erinnern, daß es England war, das uns diese Mode bescherte?"

„Sicher, aber du bist hier nicht in London", unterbrach Ingrid mich streng. „Auf dem Land kann man sich diesen Aufzug nicht leisten."

„Und wer hat mir erzählt, die Engländer seien tolerant? Einer kümmere sich nicht um den anderen, jeder könne hier tun und lassen, was ihm beliebe?"

„Das stimmt auch, nur ..." Ingrid runzelte die Stirn, „nur steht es jedem auch frei zu denken, was ihm beliebt! Jeden nach seiner Fasson selig werden lassen heißt noch lange nicht, seine Extravaganzen zu übersehen. Wie du dich benimmst, so schätzt man dich ein, das ist in England nicht anders als in jedem anderen Land. Kein Mensch wird dich auslachen oder beschimpfen, weil du ein Hippie bist, du bist eben ein Hippie, das als Beispiel genommen, aber man wird sich hüten, dich ernst zu nehmen! Übrigens verstehe ich dich auch nicht ..." Sie schien nach Worten zu suchen. „Einmal bist du steif und konservativ angezogen wie Queen Elizabeth persönlich und dann wieder im Super-Minikleid. Wie paßt das zusammen.

Sie hatte recht. Mein Stil war eine Mischung aus allen Moderichtungen. Ich kopierte alles, was mir gefiel, und hatte noch keine persönliche Note. Ich wußte weder, was in mir steckte, noch wer ich war.

Es war beschämend, mir das von Ingrid sagen lassen zu müssen, aber ich mußte zugeben, daß ihre Kritik berechtigt war.

Ich setzte mich auf die Marmorfliesen. „Glaubst du, daß Mrs. Kempster und die Jays mich auch so sehen wie Tom?“

Ingrid dachte nach. „Mrs. Kempster vielleicht“, sagte sie schließlich. „Aber nur deshalb, weil sie alles Auffällige haßt. Sie hat den Ehrgeiz, hervorzustechen, aufzufallen und andere zu überragen, der Himmel mag wissen, weshalb. Eigentlich paßt es nicht zu ihr. Die Jays beurteilen einen Menschen nicht nach Äußerlichkeiten, dazu sind sie zu gebildet. Mr. Jay ist nur aus Versehen Farmer geworden. Er hat nach dem Krieg den Anschluß verpaßt. Inge mochte ihn nicht besonders, aber meine Schwester hatte ihn gern.“ Sie gab Lester einen Klaps. Er sprang davon und Ingrid klopfte die Bürste an der Hausmauer aus. „Kommst du mit herein?“

„Ein anderes Mal“, sagte ich. „Ich habe noch etwas Wichtiges zu tun.“

„Beruhige dich wieder“, sagte Ingrid. „Wer ist schon dieser Tom?“

Ich wollte mich aufregen. Mein Ärger über mich selbst brauchte ein Ventil. In meinem Zimmer angekommen, nahm ich mein Maniküre-Etui, tränkte einen Wattebausch mit Nagellackentferner, und nachdem ich meine Fingernägel gereinigt hatte, feilte ich einen nach dem anderen kurz und stumpf, bis sie aussahen wie die Nägel eines braven, sauberen kleinen Schulmädchens.

Wie langweilig, hätte ich vor einigen Tagen noch gedacht.

Damit noch nicht zufrieden, nahm ich als nächstes meine Hauskleider vor. Mit der Mode ist es wie mit dem Lehrplan, dachte ich. Am grünen Tisch entworfen und in der Praxis zu nichts nütze. Keiner der Modeschöpfer schien auch nur im entferntesten zu bedenken, daß ein Arbeitskleid zum Tragen bei der Arbeit bestimmt ist. Dazu gehört aber, daß man sich bückt, reckt, die Arme in die Höhe hebt und nur in den seltensten Fällen in der Lage ist, mit dem Geschick eines Mannequins in die Hocke zu gehen.

Diese Hänger waren eine Heimsuchung. Ihre Kürze behinderte mich mehr bei der Arbeit, als ein Sackkleid es vermocht hätte, dessen Saum eine Handbreit über dem Knöchel endete. Bückte ich mich, mußte ich Gefahr laufen, dem Gärtner, Mrs. Kempster, Tom oder wer sonst gerade in der Nähe war, meine Beine bis hinauf zum Rücken zu zeigen. Streckte ich meine Hände nach einem Gegenstand oberhalb meines Kopfes aus, zog ich die ganze Herrlichkeit bis zum Bauchnabel mit.

Ich trennte den Saum auf, das Ausbügeln war eine Arbeit von Minuten. Hochbefriedigt betrachtete ich mein Werk.

Meinen heimlichen Verehrer aber war ich los.

Eine bessere Methode, die Sitten und Gebräuche des Gastlandes kennenzulernen, fand ich schließlich an den Abenden, die ich mit Mr. und Mrs. Jay verbrachte. Diese Abende bekamen auch meinen englischen Sprachkenntnissen gut. Wenn Mrs. Jay im Eifer des Gespräches auch oftmals in ihren breiten Dialekt verfiel, Mr. Jays gewähltes Englisch glich das aus. Und immer luden sie mich zu ihrem Mitternachtsimbiß ein. Zwar hatte ich jetzt reichlich zu essen, seit ich mich an Ingrids Beispiel hielt. Aber während ich Mrs. Jay bei der Zubereitung des Imbisses half, konnte ich sie ungestört über ihre Kochkunst ausforschen und erfuhr manch Wissenswertes über Mr. und Mrs. Kempster, über England und die englische Art zu leben.

In diesen Abendstunden, während die Holzscheite im Kamin knisterten – die englischen Abende sind manchmal auch im Sommer feucht und kühl –, erhielt ich meine ersten Lektionen in englischer Lebensphilosophie.

„Sie werden nicht vielen Eigentümlichkeiten oder befremdlichen Gebräuchen begegnen“, versicherte Mr. Jay mir augenzwinkernd. „Die Schwäne im St.-James-Park unterscheiden sich in nichts von den Schwänen anderer Seen. Die jungen Paare auf den

Bänken flüstern genauso geheimnisvoll miteinander wie anderswo, und die Fischer entlang den Ufern der Themse starren so gebannt ins Trübe des Wassers wie die Fischer am Rhein, an der Donau oder an der Elbe. Natürlich gibt es auch ein paar Dinge, an die Sie sich erst gewöhnen müssen, Jane. In einem Kino zu rauchen, ohne von der Polizei hinausgeführt zu werden – wie es mir in Deutschland passierte –, ist eines davon. Sie werden aber bald herausgefunden haben, daß eine junge Dame, wenn sie einem Herrn aus ihrem englischen Bekanntenkreis auf der Straße begegnet, zuerst ein grüßendes ‚Hallo' sagt oder doch wenigstens erkennen läßt, daß ihr sein Gruß erwünscht ist."

Ein Herr meines englischen Bekanntenkreises! Wo war er? Weit und breit wußte ich kein männliches Wesen, das auf meinen Gruß gewartet hätte. Selbst Tom mied mich. Wahrscheinlich war er zutiefst enttäuscht von mir. Doch Mr. Jays Ausführungen waren interessant, und ich lernte eine ganze Menge bei unseren abendlichen Unterhaltungen. Dazu gehörte zum Beispiel, daß Katzen in England gleichsam heilige Tiere sind, ähnlich den heiligen Kühen in Indien, daß man, wolle man mit einer Familie rasche Freundschaft schließen, nur zu sagen brauche, man liebe Katzen, selbst wenn es sich um den räudigsten Kater handelt. Daß man die Gabel nicht in der üblichen Weise handhabt, wußte ich bereits; das hat sich inzwischen auch bei uns in Deutschland herumgesprochen. Bratensoße läßt man auf seinem Teller zurück. Man kann kein größeres Befremden hervorrufen, als wenn man die Kartoffeln mit der Gabel zerkleinert. Man zerschneidet sie mit dem Messer, will man nicht für einen Amerikaner gehalten werden, und das ist ungefähr das schlimmste, was einem zustoßen kann. Laut Mr. Jay solle man immer daran denken, daß Engländer jede unenglische Sitte und jeden Nichtengländer äußerst komisch finden. Sie finden es in der Tat höchst seltsam, daß Leute sich bei jeder Begegnung mit einem Händedruck begrüßen und verabschieden und eine Antwort auf die Frage nach ihrer Gesundheit geben und erwarten. Der Engländer schweigt gern, und er schweigt ausdauernd. Ist das erste Fremdsein überwunden, darf man vorsichtig beginnen, vom Wetter zu sprechen. Da das englische Wetter sehr wechselhaft ist, ist dies nicht nur ein unverfängliches, sondern auch ein äußerst ergiebiges Thema. Niemals sollte man von sich und seinen Problemen sprechen. Nichts ist einem Engländer mehr zuwider als Vertraulichkeiten mit Zufallsbekanntschaften oder Fremden.

„Ja, und an die englische Art, Weihnachten zu feiern, werden Sie sich auch erst gewöhnen müssen, Jane", sagte Mr. Jay. „Ich habe ein Weihnachtsfest im Haus meines Freundes in der Lüneburger Heide verlebt, weiß also, was ich sage. Trösten Sie sich mit dem wirklich köstlichen Plumpudding und unserem traditionellen Truthahngericht über die fehlende Besinnlichkeit hinweg und mit dem Spaß, wenn es Ihnen gelingt, recht oft unter dem Mistelzweig geküßt zu werden."

Aber noch weihnachtete es nicht. Es war September, und vor mir lagen noch viele Dinners, die zu kochen, eine endlose Reihe von freien Tagen, die zu überstehen waren, und ein trostloser Heiliger Abend sollte mich jetzt noch nicht grämen.

Mrs. Kempster hatte meine Verwandlung vom Minigirl in eine solide Hausangestellte ohne Kommentar zur Kenntnis genommen. Aber das besagte nicht viel. Ich wußte nie, wann ihr mein Tun mißfiel oder ob sie es billigte. In dieser Minute überströmend freundlich, reagierte sie in der nächsten mürrisch und ungerecht. Ich sagte mir immer wieder: Sie ist die Chefin! Es stand mir frei, mich ihren Anordnungen zu fügen oder den Dienst zu kündigen. Da ich blieb und von ihrer Seite bisher keine Anstalten gemacht wurden, mich durch ein tüchtigeres Mädchen zu ersetzen, war es meine Pflicht, ihre Wünsche zu befolgen. Ein Jahr ist keine Ewigkeit, sagte ich mir immer wieder. Wenn du hier nicht durchhältst, wirst du auch später vor jeder Schwierigkeit kapitulieren. Also reiß dich zusammen!

Es waren große Worte, die ich zu mir sprach, um mir Mut zu machen. Aber nicht immer half mir das über Depressionen hinweg.

In Mr. Kempsters Gegenwart war Mrs. Kempster die freundlichste, geduldigste Hausfrau. War er da, entschuldigte sie alle meine Patzer, nahm mich in Schutz, tröstete mich, wenn mir ein Gericht mißlungen war, und lobte meinen Arbeitseifer selbst dann, wenn sie mich gerade beim Nichtstun ertappt hatte. Waren wir aber allein, hatte sie an allem, was ich tat, etwas auszusetzen.

Mr. Kempster war bisher nur ein einziges Mal unzufrieden mit mir. Es war an dem Nachmittag, an dem er mit einer besonders reichen Jagdbeute nach Hause gekommen war. Acht Wildenten – oder waren es Fasane? – hatte er erlegt.

Er brachte sie mir in die Küche und bat mich, die Vögel zu rupfen, abzusengen, auszunehmen und für die Tiefkühltruhe vorzubereiten.

Als ich das Blut, schwarz und dick, aus den Hälsen tropfen sah, wurde mir übel.

„Was ist denn?“ sagte Mr. Kempster. „Was ist los, Jane? Sie brauchen sie nicht für heute abend zuzubereiten! Sie sollen sie nur zurichten, damit wir sie einfrieren können!“

„Das kann ich nicht, Sir“, gestand ich kläglich und deutete abwehrend und voller Ekel auf das blutige Gefieder.

Mr. Kempster verstand noch immer nicht. Er sah mich belustigt an. „Kommen Sie, Jane. Sie brauchen keine Angst zu haben, sie beißen nicht. Ich habe ihnen ja die Hälse abgeschnitten!“ Ich weigerte mich, auch nur einen Schritt näher zu treten, geschweige denn, die Tiere anzufassen. „Ich zeige Ihnen, wie sie behandelt werden müssen, geben Sie acht, es ist ganz leicht! Solange sie noch warm sind, lassen sie sich gut rupfen.“ Und er begann, mit kräftigen Fingern büschelweise Federn auszureißen.

Ich blieb nicht lange genug in der Küche, um das Ende seiner Bemühungen abzuwarten. Die Toilette war mein Zufluchtsort. Als ich wiederkam, waren die Tiere nicht mehr da. Der Gärtner hatte sie zu Mrs. Jay gebracht. Mr. Kempster berichtete es mit grollender Stimme. „Aber essen können Sie sie, nicht wahr?“ sagte er böse. „In gebratenem Zustand ekeln Sie sich nicht davor!“

Er war wirklich sehr verärgert, und das mit Recht. Ich beherrschte die „hohe Schule“ der englischen Küche immer noch nicht, und nur selten wurde ich mit der Arbeit nach meinem Stundenplan fertig. Hätte ich nach Art meiner Mutter kochen dürfen, vielleicht wäre ich dann mit Hilfe des heimatlichen Kochbuches mit meiner Aufgabe fertig geworden, vom Rupfen des Federviehs abgesehen. Aber so nützte es mir gar nichts. Es war ein Schulkochbuch alter, konservativer deutscher Kochweise, in dem ich vergebens nach einer Mint-Soße, nach Welsh Rarebits, englischen Savouries und anderem suchte.

Bis eines Tages, völlig unerwartet, meine große Chance kam.

Mr. und Mrs. Parker, unsere nächsten Nachbarn – ihr Anwesen grenzte an die Beechwood-Farm –, waren wie an jedem zweiten Mittwoch im Monat zusammen mit den Davies, Ingrids Arbeitgebern, bei uns zum Essen eingeladen. Die Parkers waren in Mr. Kempsters Alter, leutselig, gemütlich und große Esser, obwohl beide hager wie Reiher. Konserven und Tiefkühlkost waren ihnen aus tiefster Seele verhaßt, so daß Mrs. Kempster an diesen Abenden stets frisches Geflügel oder Salm auf den Speisezettel setzte.

Für diesen Mittwoch hatte sie beim Fleischer einen mehrpfündigen Rinderbraten bestellt, den Mrs. Jay in einen Brotteig einbetten und im Ofen der Kempsterschen Küche backen sollte. Man stelle sich Mrs. Kempsters Entsetzen vor, als am Morgen dieses Tages – der Fleischer hatte den Braten gerade abgeliefert – Mrs. Parker telefonisch um Verschiebung der Einladung bat. Sie hatte sich am Abend vorher einen rostigen Nagel in den Fuß getreten und vom Arzt eine Tetanusspritze bekommen. Darum mußte sie das Bett hüten. Mrs. Kempster hatte sich von diesem Schock noch nicht erholt, als auch die Davies' sich für diesen Abend unabkömmlich meldeten: Lady Winston, die Cockerspanieldame, lag in den Wehen!

Mrs. Kempster brach unter der Wucht dieser Hiobsbotschaften beinahe zusammen. Der Abend ruiniert, alle Vorbereitungen vergeblich getroffen, und was das schlimmste war: der teure Braten vergebens gekauft! Was sollte nun mit dem Fleisch geschehen?

Man hätte es einfrieren können. Aber das hätte nur der gutgefüllten Tiefkühltruhe ein weiteres Stück Fleisch zugeführt und einen nochmaligen Einkauf für den kommenden Mittwoch notwendig gemacht, denn wie gesagt, Mr. und Mrs. Parker aßen keine Tiefkühlkost. Mrs. Kempsters Jammer konnte einem wirklich das Herz brechen. Es war das erste Mal, daß ich sie ihre Beherrschung verlieren sah.

„Könnten wir das Fleisch nicht einlegen?“ fragte ich.

„Es wird alles verderben! O hätte ich doch gestern abend schon Bescheid gehabt! Natürlich können unsere Freunde nichts dafür, wirklich! Aber es ist zu ärgerlich, nicht wahr, Jane?“ Ich nickte zustimmend, und plötzlich richtete Mrs. Kempster ihre Aufmerksamkeit auf mich. Ihr Zorn brauchte ein Ventil. „Was meinen Sie damit, das Fleisch einlegen?“ zischte sie wütend. „Natürlich werden wir es einfrieren müssen, was bleibt uns anderes übrig, fragen Sie doch nicht so dumm! Weshalb stehen Sie noch herum? Haben Sie denn nichts zu tun?“

Ich bemühte mich, ruhig zu bleiben, und versuchte Mrs. Kempster zu erklären, daß meine Mutter in solchen Fällen das Fleisch in eine Essigbeize zu legen pflegte, um es sechs bis acht Tage später als Sauerbraten zuzubereiten, ja, daß dies nicht nur eine Notlösung sei, sondern daß man zu diesem Zweck sogar frisches Fleisch eine Woche vorher einkaufe, damit es an dem Tag, für den es zum Verzehr bestimmt sei, recht mürbe und von der Marinade durchdrungen sei.

„Saures Fleisch, Sie sind nicht gescheit, Jane!“ lautete Mrs. Kempsters Antwort. „Wie mag das wohl schmecken? Entsetzlich, ich erinnere mich noch an das einzige Mal, wo ich chinesisch gegessen habe.“ Sie schüttelte sich angeekelt. „Verschonen Sie mich bitte mit Ihren albernen Vorschlägen, ja?“

Alberner Vorschlag? Das machte mich zornig. Ohne lange zu überlegen, sprudelte ich angriffslustig hervor: „Wie können Sie das behaupten, Madam! Das ist nicht Chinesisch, das ist ein altes deutsches Gericht! Warum lassen Sie es mich nicht versuchen? Nur so können wir das Fleisch für die Party am nächsten Mittwoch retten. Natürlich können wir es einfrieren, aber dann müssen Sie nächste Woche einen anderen Braten oder Salm kaufen. Geflügel hatten wir das letzte Mal."

Mrs. Kempster sah mich nachdenklich an: „Und Sie meinen, Sie könnten den Braten retten und diesen – diesen – Essigbraten zubereiten?"

„Sauerbraten nennt man ihn bei uns, Madam. Warum nicht", sagte ich, allerdings schon etwas weniger selbstbewußt. Glücklicherweise merkte Mrs. Kempster von meinen Zweifeln nichts. Nach kurzer Überlegung stimmte sie meinem Vorschlag zu. Vermutlich dachte sie, daß es ohnehin egal sei, was mit dem Fleisch geschehe, und daß ich meinen Fehlschlägen ruhig einen weiteren hinzufügen könne; das würde mich lehren, nicht gescheiter als sie selbst sein zu wollen.

Vorsichtshalber vergewisserte sie sich aber noch einmal und fragte: „Und Sie sind ganz sicher, daß Sie diesen Sauerbraten zubereiten können?"

„Ganz sicher, Madam", sagte ich, und dieses Mal zitterte meine Stimme nicht.

„Also schön, Jane", sagte Mrs. Kempster seufzend. „Machen Sie, was Sie wollen."

Damit endete diese Runde eins zu null für mich.

Jane gewinnt Sympathien – sie kocht deutsche Gerichte

Mein Vorhaben wäre beinahe gescheitert, noch bevor es begonnen hatte. In unserer Küche gab es außer Zucker, Salz, Pfeffer, Ingwer, Essig und Öl keine anderen Gewürze. Für meine Marinade benötigte ich aber Lorbeerblätter, Nelken und Wacholderbeeren. Das wußte ich von meinem Kochbuch, das ich natürlich sofort zu Rate gezogen hatte.

Zu meinem Glück erschien Ingrid am Nachmittag, und nachdem ich ihr erklärt hatte, worum es ging, radelte sie davon, um wenig später mit allen nötigen Zutaten zurückzukehren.

Ich wusch das Fleisch, legte es in eine tiefe Schüssel, und als die Marinade abgekühlt war, gab ich sie über den Braten und stellte das Ganze in den Kühlschrank.

„Das Fleisch muß täglich gewendet werden", hieß es im Kochbuch. Ich gab mich damit nicht zufrieden. Mindestens zweimal täglich nahm ich die Schüssel heraus, gruppierte die Zwiebelscheiben um, achtete darauf, daß der Braten wirklich mit Beize bedeckt war, drehte und wendete das Fleisch. Selten ließ jemand einem Sauerbraten soviel Fürsorge und liebevolle Aufmerksamkeit angedeihen wie ich dem Exemplar, das in Mrs. Kempsters Kühlschrank seiner endgültigen Bestimmung entgegendämmerte. Anfangs ängstigte mich die graue Farbe, die das Fleisch in der Marinade angenommen hatte. Ich gab mich erst zufrieden, als Ingrid mir bestätigte, daß diese krankhafte Blässe ganz normal sei. Dann fand ich die Zwiebeln zu weich, und grausige Geschichten über Lebensmittelvergiftungen fielen mir ein, die durch verdorbene Zwiebeln verursacht worden waren.

Ich war am Ende meiner Nervenkraft, als die Woche vorüber und der Tag der Party gekommen war. Lady Winston hatte ihre Entbindung von fünf süßen, tapsigen Spanielkindern gut überstanden. Mrs. Parkers Wunde war verheilt. Meiner Blamage stand nichts mehr im Wege.

Natürlich dachte ich nicht daran, mich mit dem Sauerbraten allein zufriedenzugeben. Mein Ehrgeiz war es, ein typisch deutsches Gericht auf den Tisch zu bringen, und zu Sauerbraten gehörten bei uns im Rheinland nun einmal Kartoffelklöße und gemischter Salat, nicht lieblos in eine Schüssel geklatscht, sondern mit einer Marinade aus Essig, Öl, Pfeffer und Zwiebeln angemacht.

Mrs. Kempster beobachtete mein Tun mit Mißtrauen. Es war erst früher Nachmittag, als sie mir bereits zum hundertsten Male die Frage stellte: „Sie wissen, daß wir heute abend Gäste haben, nicht wahr, Jane?" Und dann ermahnte sie mich: „Wenn Sie fürchten, nicht fertig zu werden, dann lassen Sie es mich rechtzeitig wissen!" Sie lächelte mir freundlich zu. Sie lächelte immer freundlich, selbst wenn sie mir die größten Unfreundlichkeiten sagte. „Es ist keine Schande, einmal zu versagen, Jane, man muß nur den Mut haben, es einzugestehen."

„Ja, Madam! Nein, Madam!" antwortete ich und bat sie höflich, mich jetzt allein zu lassen und mir nicht länger im Weg zu sein.

Da ich mich haargenau an die Angaben des Kochbuches hielt, fand ich es wirklich nicht allzu schwer, mit dem Sauerbraten fertig zu werden. Von allen Seiten gebräunt, schmorte das Fleisch im Topf. Mehr Sorge bereiteten mir die Knödel. Wie im Kochbuch vorgeschlagen, gab ich einen Probekloß ins kochende Wasser. Er stieg wunderschön locker an die Wasseroberfläche, wurde dann aber immer kleiner, bis er sich schließlich auflöste. Aber auch für diesen Fall wußte mein Kochbuch Rat. „Wenn der Teig zu locker ist, etwas Mehl, Grieß oder Semmelmehl hineinarbeiten", hieß es dort. Ich entschied mich für Mehl, stellte den Teig wieder kalt und widmete mich der Süßspeise und dem Salat und röstete zuletzt Toastbrotwürfel, mit denen ich die Klöße zu füllen gedachte.

Unsere Gäste trafen um halb acht Uhr ein. Mr. und Mrs. Parker kamen zu Fuß. Die Davies' fuhren im Auto vor. Ich hörte sie in die Halle eintreten, erkannte Mrs. Parkers tiefen Baß, die silberhelle Stimme von Mrs. Davies, die überschwenglichen Begrüßungsworte von Mrs. Kempster.

Unsere Gäste gingen in den Salon, und Mr. Kempster kam in die Küche, um die Drinks zu mixen. „Alles in Ordnung, Jane?" fragte er mich.

„Ja, Sir."

„Das ist fein! Geben Sie mir bitte die Eiswürfel aus dem Kühlfach! Möchten Sie auch einen Cocktail?"

„Nein, danke! Besser nicht, Sir!"

„Vernünftiges Mädchen! Aber nach dem Essen trinken Sie einen Likör, wollen Sie?" Sein gutmütiges Gesicht strahlte. Er schien sich absolut keine Sorgen über den Ablauf des Dinners zu machen. Im Gegensatz zu seiner Frau, deren Stimme sich vor Nervosität überschlug, war sein Vertrauen in meine Fähigkeiten trotz der niederschmetterndsten Erfahrungen unerschütterlich. „Sie werden es richtig machen, Jane", sagte er. „Ich weiß, daß Sie ein tüchtiges Mädchen sind."

Mir wurde die Kehle eng. Seine Worte waren wie eine warme Hand, die mir den Rücken streichelte. „Ich werde mich bemühen, Sir", krächzte ich heiser.

„Welchen Wein empfehlen Sie uns zum Braten?"

Ich hatte keine Ahnung. „Einen – leichten Roten", sagte ich aufs Geratewohl, ohne zu wissen, daß ich genau das Richtige getroffen hatte.

„Sehr wohl, Jane! Sie sind uns eine große Hilfe, ich danke Ihnen."

„Ich danke Ihnen, Sir", sagte ich benommen und verließ die Küche, um im Speisezimmer den Tisch zu decken.

Punkt acht Uhr öffnete ich die Tür des Salons und meldete feierlich, daß angerichtet sei. Mrs. Kempster musterte mich mit ängstlich forschenden Blicken, die ich erwiderte, ohne mit der Wimper zu zucken. Mit weichen Knien, aber stolz erhobenen Kopfes, stakte ich in die Küche zurück und zog die Tür hinter mir ins Schloß.

Da die Zusammenstellung „Sauerbraten und Kartoffelklöße" ziemlich schwer war – die Soße hatte ich vorsorglich über ein Sieb Eiswürfel gegossen, um sie zu entfetten –, hatte ich eine klare Gemüsesuppe nach italienischer Art mit geriebenem Käse als Vorspeise gewählt. Auch bei der Nachspeise, es gab Pfirsich Melba, hatte ich nur einen Tupfen Schlagsahne als Garnitur verwendet.

Ich hörte Stimmengemurmel und Stühlerücken. Vorsichtig schlich ich zur Durchreiche.

Mrs. Kempster saß mit dem Rücken zur Durchreiche gegenüber von Mr. Parker, der neben Mrs. Davies Platz genommen hatte. Gegenüber lagen die Gedecke von Mr. Davies und Mrs.

Parker. Mr. Kempster gehörte der Eckplatz neben dem Tischchen mit der zweistöckigen Warmhalteplatte, auf der die vorgewärmten Teller, der Braten und die Schüsseln mit Klößen und der Soße warteten. In die Mitte der Tafel hatte ich eine Silberschale gestellt, in deren Wasser Seerosen und Anemonen trieben, sie spiegelten sich im Lack der polierten Tischplatte. Das Porzellan schimmerte elfenbeinfarben auf den bunten Leinensets. Die Suppe dampfte in den Tassen. Man räusperte sich und wünschte sich gegenseitig guten Appetit.

Auch ich konnte nun essen. Aber ich rührte nur in der Suppe. Ich brachte keinen Bissen hinunter. Meine Kehle war wie zugeschnürt, dabei hatte ich mich so auf mein erstes selbständig gekochtes Essen gefreut, noch dazu ein heimatliches Gericht! Ich hatte Lampenfieber. Mir war schrecklicher zumute als einem Schauspieler vor der Premiere. Verglichen mit dem, was ich durchmachte, mußten seine Qualen das reinste Vergnügen sein, wenn man den Behauptungen glauben darf, wonach Schauspieler ruhig werden, sobald sie auf der Bühne stehen und das erste Wort gesprochen haben.

Meine Unruhe wurde von Minute zu Minute größer. Hin und wieder hörte ich gedämpftes Stimmengemurmel, von dem ich nicht ausmachen konnte, ob es Zustimmung oder Ablehnung bedeutete, das Klappern der Löffel in den Suppentassen, die Bitte um geriebenen Käse oder Brot.

Der schrille Ton der Klingel, die mich zum Abservieren ins Speisezimmer rief, ging mir durch alle Glieder. Bedrückt sammelte ich die Suppentassen, die Unterteller und die Löffel ein. Schweigen begleitete mein Tun, verfolgte mich bis hinaus in die Küche. „ Lieber Gott, bitte, mach mich unsichtbar oder gib, daß ich aufwache und zu Hause bin!“ betete ich. Nichts dergleichen geschah.

Um mich abzulenken, fing ich mit dem Abwasch an, als Mr. Kempster an die Durchreiche klopfte. „Ihr Essen, Jane!“

„Danke, Sir“, sagte ich leidend. Den Teller stellte ich auf den Tisch.

Nach einer Weile wurde es plötzlich lebhaft nebenan. Ich glaubte deutlich, meinen Namen zu hören. Einen Augenblick lang hielt ich mich noch zurück. „Der Lauscher an der Wand hört seine eigene Schand'!" erinnerte ich mich. Doch schließlich siegte meine Neugierde über meine Angst, Zeuge meiner eigenen Vernichtung zu werden. Auf Zehenspitzen schlich ich zur Durchreiche.

Alle aßen eifrigst! Mr. Kempster mampfte mit vollen Backen. Mrs. Parker hob gerade genießerisch ihr Glas. Mrs. Davies reichte den Teller über den Tisch, um sich einen zweiten Kloß auflegen zu lassen. Selbst Mrs. Kempster, die gewöhnlich lustlos in ihren Speisen stocherte, schob eine gehäufte Gabel in den Mund. „Das ist einmal was ganz Besonderes, Sie haben sich wieder selbst übertroffen, liebste Dorothey! Ist es nicht so, Darling?" sagte Mr. Parker anerkennend.

„Woher haben Sie das Rezept, meine Liebe?" fragte seine Frau.

„Köstlich, Dorothey, einfach köstlich! Ich kann nicht widerstehen", zwitscherte Mrs. Davies.

„Wunderbar, in der Tat", knautschte Mr. Davies hervor.

„Sagten Sie nicht, es sei ein deutsches Gericht? Sie haben Glück mit Ihren deutschen Mädchen, Liebste, habe ich das nicht immer gesagt?" Das war wieder Mr. Parker.

„Ist sie nicht ein Schatz! Wie heißt die Kleine noch, Jane? Ein englischer Name, englisches Blut, vermutlich. Dachte ich mir doch!"

„Wenn Sie sie einmal nicht mehr benötigen, denken Sie an uns, Liebste! Wir nehmen sie sofort!"

Jeder sang mein Lob in höchsten Tönen, und Mrs. Kempster ließ sich feiern. Ihr Gesicht konnte ich leider nicht sehen, aber daß sie zufrieden war, erkannte ich an der Haltung ihres Kopfes. Ich hätte stundenlang so stehen, ihren Worten lauschen und ihnen beim Essen zusehen mögen. Ihre Begeisterung war Balsam für meine Ohren.

An jenem Abend ging mir zum erstenmal auf, wieviel Glück ein ehrlich verdientes Lob bedeutet und welche Genugtuung eine gut gelungene Arbeit mit sich bringt. Ich war außer mir vor Stolz und Freude. Ich schäme mich nicht, das zu gestehen. Erst das Pfeifen des Wasserkessels erinnerte mich an meine Pflichten. Keinen Augenblick zu früh, denn kaum war ich von meinem Lauscherposten zurückgetreten, als die Schalterklappe zur Seite geschoben wurde und Mr. Kempsters runder Kopf in der Durchreiche erschien. „Jane?“

„Sie haben nicht noch etwas Soße und ein paar Klöße draußen, Jane?“

Klar, hatte ich, natürlich wußte Mr. Kempster das. Wie immer hatte ich auch heute für mich vorgesorgt. Ich füllte den Rest in die Schüsseln und reichte sie durch den Schalter. Ich konnte ja noch immer nichts essen. Jetzt war es die Freude, die mir den Appetit nahm.

Ich weiß bis heute nicht, ob der Braten gelungen war und wie die Klöße schmeckten, lediglich die Soße hatte ich probiert. Auch ob das Gericht das gleiche war, das Lilli kochte, wird mir immer verborgen bleiben. Die Hauptsache war, unsere Gäste waren zufrieden. Wie sehr zufrieden sie waren, bestätigten mir Mr. Parker und Mr. Davies.

Als die Tafel aufgehoben und der Mokka im Herrenzimmer serviert war, kamen die beiden Gentlemen in die Küche. „Entschuldigen Sie die Störung, Jane! Ich möchte mich bei Ihnen für das vorzügliche Dinner bedanken“, sagte Mr. Davies und machte tatsächlich die Andeutung einer Verbeugung. „Danke, vielen Dank auch im Namen von Mrs. Davies.“ Und dann trat er einen Schritt vor und steckte ein zusammengefaltetes Stück Papier in meine Kleidertasche.

„Hoffentlich haben wir noch oft das Vergnügen, bei Ihnen zu Gast zu sein. Sie dürfen dann aber nur deutsche Gerichte kochen, versprechen Sie uns das, Jane?“ sagte Mr. Parker, und auch er steckte etwas in meine Tasche.

„Vielen Dank, Sir! Gute Nacht, Sir!“ sagte ich artig.

Jeder von ihnen hatte mir eine Zehn-Shilling-Note geschenkt, das machte zusammen ein ganzes Pfund Sterling.

Daß es üblich ist, sich auf diese Art in der Küche für das Dinner zu bedanken, wußte ich von Ingrid. Unsere Gäste hatten es bisher bei mir vergessen. Jetzt war ich endlich in die Köchinnenzunft aufgenommen.

Die beiden Zehn-Shilling-Noten habe ich noch heute. Ich konnte mich nie von ihnen trennen.

Wer in Deutschland von London spricht, denkt an Nebel, blumengeschmückte Hippies, das dunkle Soho, Scotland Yard oder den Buckingham-Palast, aber immer denkt er an – Nebel.

„Nimm deine dicksten Sweater mit", hatte meine Mutter gesagt. „Vergiß die Stiefel nicht und denke auch an deinen Regenmantel, du wirst ihn brauchen können", wurde ich ermahnt. Meine Bekannten, die jedes Jahr nach dem Süden ausschwärmten, hatten für mich nur ein mitleidiges: „England? – Mein Gott!"

Und dann stand ich eines frühen Herbstnachmittags in einer der vielen Straßen Londons, und im ersten Augenblick sah gar nichts fremd, trostlos oder unwirklich aus. Dann, langsam, kam gleichsam die Stadt auf mich zu:

Ich begegnete Männern in steifen Hüten und Jungen mit langen, wehenden Mähnen; ich bestaunte den Mut der Frauen zu unmodernen langen Röcken und die Unbekümmertheit, mit der einige Boys ihre Rüschenhemden spazierentrugen; und ich war gerührt von der bereitwilligen Freundlichkeit der Passanten einem sich verloren fühlenden Fremden gegenüber.

Ich fütterte die Tauben auf dem Trafalgar Square, trieb auf der Woge der Betriebsamkeit des Piccadilly Circus, fuhr mit zweistöckigen Omnibussen und staunte, wie lässig diese Menschen die für mich überwältigende Tatsache hinnahmen, Einwohner einer der bemerkenswertesten Städte der Welt zu sein.

Die Westminster-Brücke, Westminster Abbey und der Klang der Glocken von Big Ben, silbern über den Wassern der Themse – das alles glich den Bildern, wie sie uns aus englischen Beschreibungen in Deutschland bekannt sind. Keine Wolke am Himmel, kein Nebel, hastende Menschen, blühende Parkanlagen und die immer gleichen Geschäftsauslagen aller Städte.

Es war an meinem freien Tag. Ich war auf dem Weg nach Kensington, zu den Bekannten meiner Eltern. Die Stadt bezauberte und faszinierte mich, nahm mich ganz für sich ein. Ich war bereits am Vormittag aufgebrochen, hatte die National Gallery besucht und vor dem Buckingham-Palast gestanden. Leider ohne großen spektakulären Erfolg: Die Queen war nicht zu sehen! Um das Gruseln zu lernen, besuchte ich die Verliese des Towers und das Kabinett von Madame Tussaud, begegnete hier Vergangenheit und Gegenwart und kam zu der Überzeugung, die Zukunft, die uns erwartet, könnte nicht trostloser und unerfreulicher sein.

Glücklich und müde bestieg ich den mir angegebenen Bus. Die Farrells, so hieß die Familie, die mich erwartete, wohnten in der Nähe von Kensington Gardens in der Kensington Road. Mr. Farrell war noch im Büro. Mrs. Farrell, Tochter Jean und Sohn Tony hießen mich willkommen.

Es war ein Höflichkeitsbesuch und wie alle Pflichtbegegnungen peinlich und anstrengend. Unsere Eltern hatten sich auf einem Kongreß kennengelernt. Wenn ich mich recht erinnerte, hatte Mr. Farrell sich mit dem Plan getragen, ein Buch über die Entwicklung des Nachkriegsdeutschland zu verlegen, und meinen Vater um Unterstützung und Mithilfe gebeten. Aus irgendeinem Grund war aus Mr. Farrells Projekt nichts geworden, aber immerhin hatten er und mein Vater eine Zeitlang miteinander korrespondiert. Dies waren unsere einzigen Berührungspunkte, und dabei sollte es auch bleiben, wie sich schon bald an diesem Nachmittag herausstellte.

Die beiden Farrellsprößlinge waren typische Großstadtkinder. Sie examinierten mich mit Verbissenheit und belächelten meine Einfalt, mit der ich in ihre Falle tappte und meine Unerfahrenheit vor ihnen ausbreitete.

Worten wie „Hochexplosiv-Stoff“, womit Rauschgift gemeint war, und „Educated-nose“, was soviel hieß, wie eine gute Nase oder Gespür für Sensationen zu haben, und die Jean, lässig im blauen Sailor-Dreß am imitierten Kamin gelehnt, mit der Schnelligkeit eines Düsenflugzeuges vorbrachte, konnte ich gerade noch folgen. Ich mußte aber bekennen, daß von den „zornigen jungen Männern" nur der Name Osborne ein Begriff für mich war. Doch selbst damit lag ich falsch. Osborne war bereits ein alter „zorniger junger Mann". Von aktuellen Theaterpremieren hatte ich keine Ahnung. Kurz, ich war das typische deutsche Gretchen!

Verzweifelt kaute ich an meinem dritten Stück Honigkuchen, als Jean mich freundlich lächelnd fragte: „Ihr Deutschen eßt gern, nicht wahr? Haben Sie keine Angst um Ihre Linie, Jane, Liebste?"

Geh zum Teufel, dachte ich, steckte einen großen Bissen in den Mund und sagte kauend: „Sehe ich so aus, Liebste? Die Sorgen kenne ich nicht, aber Sie müssen sicher auf vieles verzichten? Wie bedauerlich für Sie, Jean, Liebste!" Und leckte meinen Daumen ab.

Jeans Gesicht färbte sich dunkelrot. Mit einem Krach stellte sie die Tasse auf den Kaminsims. Ich gebe zu, daß ich mich sehr ungezogen benahm, aber sie hatte eine Art, einen herauszufordern und lächerlich zu machen, die das sanftmütigste Schaf in einen kampftollen Stier verwandelt hätte.

Mrs. Farrell versuchte die Situation zu retten, indem sie lächelnd an meine Dankbarkeit appellierte: „Ich freue mich, daß Sie es so gut getroffen haben, Jane. Wir haben uns auch wirklich sehr für Sie bemüht!"

„Das war sehr freundlich von Ihnen, Mrs. Farrell", bestätigte ich. „Meine Eltern werden sich in einem ähnlichen Fall gern ebenso für Sie verwenden. Erlauben Sie, daß ich jetzt gehe, und grüßen Sie bitte Mr. Farrell von mir. Vielen Dank für den Tee! Leben Sie wohl, Tony! Hallo, Jean! Auf Wiedersehen, Mrs. Farrell!" Und damit griff ich nach meiner Handtasche und war blitzschnell im Fahrstuhl und aus dem Haus.

Uff, dachte ich, hoffentlich erfahren meine Eltern nie, auf welche Art die Verbindung mit ihren Londoner Freunden ein Ende nahm. Eine würdige Vertreterin meines Landes und eine gute Diplomatin war ich nicht.

Einen Tag später stolperte ich bereits in neue Schwierigkeiten.

Es war mir zur Gewohnheit geworden, an den Vormittagen, an denen Mrs. Kempster außer Haus war, eine kurze Pause einzulegen. Inzwischen hatte ich mich an den Tee gewöhnt. Wie Ingrid und Gerlinde vorausgesagt hatten, konnte ich mir nicht vorstellen, jemals etwas anderes lieber getrunken zu haben. Mich gemütlich im Sessel räkelnd, schlürfte ich meinen Tee, blätterte in einem von Mr. Kempsters Magazinen und erholte mich von den Anstrengungen der Vormittagsarbeit bei einer Zigarette aus Mrs. Kempsters Kästchen im Salon. Ich hatte darin nichts Unrechtes gesehen, und wenn ich die Spuren meiner Teepause sorgfältig beseitigte und im Salon für Durchzug sorgte, der den Zigarettenrauch vertrieb, so geschah das nicht aus Angst vor Entdeckung.

An jenem Morgen fand ich die Zigarettendose frisch aufgefüllt. Das hätte mich eigentlich warnen müssen. Ich hielt das aber für ganz natürlich. Stutzig wurde ich erst, als Mrs. Kempster – sie war gegen ihre Gewohnheit kaum eine halbe Stunde fortgewesen – nach ihrer Rückkehr in den Salon eilte, ohne auch nur den Hut abzulegen oder die Handschuhe auszuziehen. Ich hörte den Deckel der silbernen Zigarettendose gegen die Glasplatte klirren – und wußte, was auf mich zukam.

Als Mrs. Kempster nach mir rief, tat ich einen tiefen Atemzug. Sie stand vor der geöffneten, leeren Zigarettendose. Madam hatte die Mühe nicht gescheut, den Inhalt von zwei Päckchen Zigaretten – denn soviel faßte die Dose – auf der Glasplatte in zwei Reihen aufzulegen. Die eine Reihe zählte zehn Zigaretten, die andere nur neun.

„Madam?"

„Ich möchte Sie etwas fragen, Jane! War in meiner Abwesenheit Besuch hier?" fragte Mrs. Kempster.

„Nein, Madam!"

„Sonderbar!" sagte Mrs. Kempster aufs höchste verwundert. „Bevor ich das Haus verließ, habe ich den Inhalt von zwei Päckchen Zigaretten in die Dose gelegt, und jetzt fehlt eine Zigarette. Es sind nur noch neunzehn! – Können Sie sich das erklären, Jane?"

Ich schwieg.

„Vielleicht wollen Sie selbst einmal nachzählen, Jane?"

Sie wußte so gut wie ich, daß das an dem Ergebnis nichts ändern würde. Ich schwieg weiter und wartete.

„Es gäbe natürlich noch eine andere Erklärung! Doch ich wage kaum, sie zu äußern!" Pause . . . „Vielleicht haben Sie selbst die Zigarette herausgenommen, Jane?"

Nachdem sie es ausgesprochen und mich in die Enge getrieben hatte, war mein erster Impuls, zu leugnen, daß ich es gewesen war. Wie sollte mir das Gegenteil bewiesen werden? Doch wenn ich mich von dem Verdacht befreite, würde ein anderer verdächtigt werden. Der Salon hatte eine Glastür, und diese war tagsüber unverschlossen, damit der Gärtner die Topfpflanzen versorgen und die Blumenvasen neu füllen konnte. Der Verdacht wäre sofort auf ihn gefallen, denn Mrs. Kempster machte nicht den Eindruck, als wäre sie bereit, die Sache auf sich beruhen zu lassen, wenn sie von mir keine aufklärende Antwort erhielt. Sie würde so lange nachforschen, bis sie den Schuldigen gefunden hatte. „Nun, Jane?" mahnte sie ungeduldig.

Ich gab mir einen Ruck. „Sie haben richtig vermutet, ich war es, Madam! Es tut mir leid!" sagte ich fest.

Mrs. Kempster sah aus, als könnte sie das soeben Gehörte nicht fassen. Wenn ich ihr gestanden hätte, ihren gesamten Schmuck aus dem Safe geraubt und bei einem Hehler verhökert zu haben, hätte ihr Entsetzen nicht größer sein können. Sie rang sichtlich nach Worten.

„O nein!" rief sie erschüttert. „Wie können Sie uns das antun? Wie können Sie sich an unserem Eigentum vergreifen? Das ist Diebstahl, wissen Sie das nicht? Ich hatte schon länger den Verdacht, habe es aber nicht glauben können! Deshalb mußte ich mir jetzt Gewißheit verschaffen! Wir haben Ihnen vertraut, und Sie haben unser Vertrauen mißbraucht! Ich bin sehr enttäuscht von Ihnen, Jane!" Die Augenlider flatterten. „Was haben Sie sonst noch gestohlen?"

„Ich! Aber Madam!" Sprachlos vor Empörung starrte ich sie an.

„Sagen Sie es, Jane!" forderte Mrs. Kempster energisch. „Wir bekommen es schließlich doch heraus! Zum Glück haben wir ja keine Reichtümer im Haus, keine jedenfalls, die leicht zu stehlen wären, und ich will Ihnen auch sagen, daß ich bisher nichts vermisse. Sie müssen mir aber die Wahrheit sagen! Wenn Sie leugnen, wird es um so schlimmer! Wir müßten Ihre Sachen durchsuchen! Ich will Ihnen ja gern helfen! Viele Menschen machen einmal einen Fehler. Man muß immer Verständnis haben für die, die mit dem Gesetz in Konflikt geraten!"

„Ich schwöre Ihnen, Madam . . ."

„Setzen Sie sich, Jane!"

Kraftlos und geschlagen sank ich auf die Bank unter dem Blumenfenster, vor dem wir standen. Mrs. Kempster setzte sich neben mich. Ihr Gesicht war starr wie eine Maske, doch ihre Stimme war sanft, und ich hatte den Eindruck, als wäre sie im Begriff, den Arm um meine Schulter zu legen, so bedauernd sah sie mich an. Behutsam wählte sie ihre Worte: „Bevor Sie reden, möchte ich Ihnen etwas anvertrauen, Jane, vielleicht fällt Ihnen Ihr Geständnis dann leichter. Gewiß haben Sie sich schon gewundert, daß unsere Vorratsschränke und die Wäschekammer abgeschlossen sind und Sie immer, wenn Sie etwas für den Haushalt benötigen, mich darum bitten müssen. Nun, das hat seinen besonderen Grund. Es war kein Mißtrauen Ihnen gegenüber, sondern nur eine Vorsichtsmaßnahme. Eines unserer früheren Mädchen hat uns bestohlen. Wir kamen durch Zufall darauf, als sie ein Päckchen im gleichen Postamt und zur gleichen Zeit aufgab, als auch ich im Schalterraum war. Ich wurde mißtrauisch. Ich bestand darauf, daß sie das Päckchen mit zurücknahm und in meiner Gegenwart hier öffnete. Was soll ich Ihnen sagen! Es enthielt Konserven, Zucker, Tee, den sie mir gestohlen hatte, um ihn ihrer Familie nach Hause zu schicken." Mrs. Kempster seufzte. „Sie sagte mir unter Tränen, daß sie vergebens dagegen anzukämpfen versuchte. Ihre Familie war sehr arm. So wurde sie zur Diebin. Es war tragisch!" Mrs. Kempster machte ein trauriges Gesicht.

Ich war ganz durcheinander. Das war ja alles ganz interessant, obwohl ich die Geschichte nicht so recht zu glauben vermochte; aber ich konnte mir nicht vorstellen, was das mit meinem Geständnis zu tun haben sollte. Die Vorratskammern waren abgeschlossen, an Lebensmittel konnte ich nicht heran, wie Mrs. Kempster selbst wußte. „Verzeihen Sie, Madam", unterbrach ich den Bericht, „darf ich Ihnen dazu etwas sagen?"

„Lassen Sie mich zu Ende erzählen, Jane, dann will ich gern hören, was Sie mir zu sagen haben!" forderte Mrs. Kempster streng. „Ich habe Mary damals auch angehört und versucht, sie zu verstehen. Ich versichere Ihnen, daß ich Ihnen die gleiche Aufmerksamkeit schenken werde! Wir haben Mary damals nicht der Polizei übergeben, obwohl sich herausstellte, daß sie auch Wäsche gestohlen hatte. Aber sie bereute ehrlich, was sie getan hatte, und wir waren bereit, ihr eine Chance zu geben. Um ihr zu helfen, schlossen wir die Schränke ab und hielten alles, was sie in Versuchung hätte führen können, unter Verschluß. Sie sehen, Jane, es liegt ganz bei Ihnen, was mit Ihnen geschieht!"

Ich konnte nicht länger an mich halten. „Aber Madam", sagte ich empört, „es handelt sich doch nur um eine Zigarette! Vielleicht fünf oder sechs, die ich im Laufe der Zeit genommen habe!"

„Das beweist gar nichts, Jane!" sagte Mrs. Kempster beharrlich. „Wer eine Zigarette stiehlt, ist durchaus in der Lage, auch andere Dinge zu entwenden. Diebstahl ist Diebstahl, gleichgültig, um welche Werte es sich dabei handelt!"

Ich war zu unerfahren und viel zu eingeschüchtert, um auch nur den Versuch zu unternehmen, ihre Ansichten zu widerlegen. Ich war des Diebstahls überführt! Was würde der nette Mr. Kempster von mir denken, der soviel von mir hielt! Und Mr. und Mrs. Jay? Ganz zu schweigen von meiner Familie! Ich sah mich schon in einem Polizeiwagen abtransportiert und hinter Gittern über die Grenze abgeschoben, und das alles nur, weil ich mich an einer Zigarette vergriffen hatte! Weil ich meine Leidenschaft fürs Rauchen nicht hatte steuern können! Das hatte ich jetzt von meiner Gewohnheit! Ich schämte mich, das Wort „Sucht" auch nur in Gedanken zu gebrauchen. Ich wehrte mich dagegen, ich wollte nicht süchtig sein, heute nach Zigaretten, morgen vielleicht nach Schlimmerem! Der Schock war so groß, daß ich in dieser Minute beschloß, für immer und alle Zeiten das Rauchen aufzugeben. Ich würde mich von keiner Leidenschaft tyrannisieren lassen. Wenn eine Gewohnheit so beherrschend wurde, daß sie imstande war, mich in solche Schwierigkeiten zu bringen, dann war es besser, auf der Stelle die Raucherei aufzugeben und zu beweisen, daß ich Herrin meines Willens war.

Meine Überlegungen waren nicht ganz logisch, aber wer erwartet in einer solchen Situation schon logische Folgerungen? Tatsache war jedoch, daß mir wohler war, nachdem ich diesen Entschluß gefaßt hatte. Ruhiger geworden, begann ich meine Lage zu überdenken. Mrs. Kempster saß neben mir und beobachtete mich. Das störte mich nicht. Meine Gewissensqualen waren größer als meine Angst vor den möglichen Folgen. Ich hatte unrecht gehandelt und würde die Konsequenzen auf mich nehmen. Aber ich war nicht gewillt, mich wie eine gemeine Diebin behandeln zu lassen. Das mußte ich Mrs. Kempster klarmachen. Gelang mir das nicht, würde ich dieses Haus heute noch verlassen, was ohnehin das beste sein würde.

Entschlossen stand ich auf. Mrs. Kempsters erstaunte Blicke konnten mich nicht daran hindern.

„Setzen Sie sich, ich bin noch nicht fertig mit meinem Verhör!" forderte mich Mrs. Kempster auf.

Das war mein Stichwort. Ich blieb vor ihr stehen, „baute mich vor ihr auf" wäre wohl die richtige Beschreibung für die Haltung, in der ich auf sie niederblickte. Und dann rasselte wie ein automatisches Uhrwerk meine Rede ab. Ich redete mir den ganzen lang angestauten Ärger von der Seele.

„Sie können mich nicht verhören, Madam", sagte ich. „Dazu haben Sie kein Recht! Ich habe mir hin und wieder erlaubt, eine von Ihren Zigaretten zu rauchen. Das habe ich eingestanden, und ich habe Ihnen gesagt, daß es mir leid tut. Was ich getan habe, war vielleicht nicht richtig, aber das berechtigt Sie nicht dazu, mir zu unterstellen, daß ich zu noch weit größeren Verfehlungen fähig sei. Ich sagte, daß es ‚vielleicht' nicht richtig war. Ich muß mich verbessern: Es war bestimmt nicht richtig, das sehe ich ein, und ich versichere Ihnen, daß es nicht wieder vorkommen wird! Die Zigaretten bezahle ich selbstverständlich. Mehr als zehn waren es nicht. Ich verwahre mich dagegen, von Ihnen, Madam, wie eine Verbrecherin behandelt zu werden! Als ich mir eine Zigarette von Ihnen ‚borgte', habe ich daran nichts Unrechtes gesehen. Es geschah völlig gedankenlos, so, als hätte ich mir in der Küche ein Eckchen Wurst abgeschnitten oder einen Keks in den Mund gesteckt. Ich vergaß, daß selbst das in Ihren Augen ein Vergehen ist! Ich war ganz einfach zu faul, in mein Zimmer zu gehen und eine von meinen Zigaretten zu holen. Wenn ich nicht gewußt hätte, wie peinlich genau Sie es mit der Einhaltung meines Stundenplanes nehmen, hätte ich bestimmt auch in Ihrer Gegenwart eine Tasse Tee aufgebrüht und eine meiner eigenen Zigaretten geraucht."

Ihr Gesicht schien aus Granit gemeißelt, ihre Augen waren kalt wie Stahl. Das hielt mich aber nicht ab fortzufahren. „Ihre Arbeitseinteilung läßt solche Möglichkeiten aber nicht zu! Jedem Arbeiter stehen Verschnaufpausen zu, nur dem Mädchen in Ihrem Haus nicht! Es bedeutet ja einen Zeitverlust! Daß das aber gegen das Gesetz verstößt, kümmert Sie nicht! Dann muß ich Ihnen noch folgendes sagen, Madam: Jeder Arbeitgeber weiß, wie wichtig Pausen für die Arbeitsleistung sind und daß, wenn sie entfallen, weniger gute Arbeit geleistet wird! Ja, so ist das, auch wenn Sie mich noch so schockiert ansehen, ich halte gar nichts von Ihrem System!"

Ich hatte mich festgefahren und wußte nicht mehr, was ich noch alles sagen wollte. Verzweifelt kaute ich an meinen Lippen. Mrs.

Kempster wollte meine Hilflosigkeit ausnützen und mein ungebührliches Benehmen verbieten, so vermutete ich jedenfalls, als sie begann: „Hören Sie, Jane!“ Ich durfte sie nicht zu Wort kommen lassen, mußte weitersprechen, solange sie verblüfft genug war, mich anzuhören.

„Ich weiß, daß Sie nicht viel von meiner Arbeit halten, Madam“, unterbrach ich sie daher rasch. „Sie haben mich vom ersten Augenblick an nicht darüber im unklaren gelassen. Mag sein, daß ich im Haushalt wirklich nicht viel tauge, aber daß ich besser bin, als Sie vermuteten, habe ich Ihnen vorgestern bewiesen. Wenn Sie mir nicht vom ersten Tag an den Mut und jeden Funken Selbstvertrauen genommen hätten, wäre ich vielleicht eine brauchbare Hilfe für Sie geworden! Keine Hausfrau sollte ihre Hausgehilfin so behandeln, wie Sie es tun, Madam! Unsere Hausangestellte konnte auch nicht gut kochen, als sie zu uns kam, aber meine Mutter hat sie nie gerügt, wenn sie etwas verdarb oder falsch machte, weil meine Mutter der Meinung ist: ‚Mit Lob bringt man den störrischsten Esel auf Trab, mit Schlägen kann man das sanfteste Pferd kopfscheu machen.‘ Lilli, so heißt unser Hausmädchen, kann sich jederzeit hinsetzen und eine Tasse Kaffee trinken. Sie braucht nicht einmal darum zu bitten, weil das selbstverständlich ist! Sie hat auch keinen Stundenplan, nach dem sie arbeitet, und trotzdem klappt unser Haushalt tadellos! Und wenn Lilli rauchte – ich weiß nicht, ob sie Raucherin ist – und sie hätte keine eigenen Zigaretten zur Hand, dann würde meine Mutter ihr aus ihrem Zigarettenetui anbieten, darauf können Sie sich verlassen. Aber das will ich gar nicht, Madam! Ich wünsche nur, daß Sie die Angelegenheit objektiv betrachten und mich nicht einiger dummer Zigaretten wegen richten. Ich werde mich niemals an dem Eigentum anderer vergreifen, selbst wenn es mir noch so leicht gemacht wird. Vielleicht haben Sie mich schon auf die Probe gestellt . . .?“

Ihre erschreckten Blicke sagten mir, daß ich mit meiner Vermutung richtig lag.

„Dann wissen Sie ja, daß ich die Wahrheit sage! Bei uns in

Deutschland hat man früher den Dienstmädchen Fallen gestellt. Man hat in gewissen Abständen Geld auf die Treppe oder unter einen Schrank gelegt, als sei es versehentlich aus einer Tasche gefallen. Vielleicht ist das in England heute noch üblich. Aber niemals hätte man bei uns Eßwaren nachgeprüft oder das Brot markiert, wie Sie das anfangs mit mir praktizierten! Glauben Sie etwa, ich habe das nicht bemerkt? Ich hätte allerdings nie darüber gesprochen, wenn Sie mich nicht heute dazu gezwungen hätten. Es lag mir nichts daran, Sie in Verlegenheit zu bringen!"

So, das war es. Jetzt war es heraus, und mir war wohler.

Ich stand und erwartete einen Zornausbruch. Doch nichts dergleichen geschah. Mrs. Kempster erhob sich langsam, musterte mich eine Weile und sagte: „Sie kommen aus einem guten Hause, Jane?"

Ich war baff. Was sollte ich darauf antworten? Wenn ein „gutes Haus" bedeutete, daß keine Diebe darin aufwuchsen, daß die Eltern gute Manieren hatten und sich bemühten, diese an ihre Kinder weiterzugeben, wenn es bedeutete, daß man höflich miteinander verkehrte und einer des anderen Ansichten, Meinungen und Eigenarten respektierte, wenn man „gut sein" nicht von „reich sein" abhängig machte, dann kam ich aus einem der besten Häuser der Welt.

„Ja, Madam", bestätigte ich. „Mein Elternhaus ist ein gutes Haus!"

„Ich sehe! ... Das dachte ich mir! Entschuldigen Sie mich jetzt, Jane, ich habe Kopfschmerzen. Ich fühle mich nicht wohl und werde mich eine Weile hinlegen. Zum Lunch wecken Sie mich bitte nicht."

„Sehr wohl, Madam."

„Vielleicht machen Sie für sich selbst ein Spiegelei. Es muß auch noch grüner Salat da sein, verbrauchen Sie ihn bitte zuerst."

„Wie Sie wünschen, Madam."

„Ja – und das andere! ... Ich denke, wir sollten das auf sich beruhen lassen, Jane. Sie haben sich entschuldigt, und ich nehme Ihre Entschuldigung an. Etwas möchte ich Ihnen noch sagen, obwohl Sie es vielleicht nicht gern hören: Nikotin ist sehr schlecht für eine Frau. Es ruiniert nicht nur den Teint, es ist auch erwiesen, daß Nikotin eine verheerende Wirkung auf den ganzen Organismus hat, besonders auf den weiblichen!" Sie sah mich mit einem schwachen Lächeln an.

Sie kam nicht wieder darauf zurück. Ich erwartete, sie in den nächsten Tagen zumindest gekränkt und schlechter Laune zu sehen, aber meine Befürchtungen erwiesen sich als grundlos. Sie behandelte mich höflich, unterließ ihre sarkastischen Äußerungen, wenn mir ein Fehler unterlief, und kam mit keinem Wort auf den Vorfall zurück. Es war wie nach einem heißen Sommergewitter. Die Luft war gereinigt.

Ich aber litt unter meinem selbst erteilten Rauchverbot. Wie abhängig ich bereits vom Nikotin geworden war, merkte ich erst jetzt.

Mein Bruder hatte einmal versucht, sich das Rauchen abzugewöhnen, als er beim Sport außer Atem geraten war. Was hatten wir damals für einen Spaß! Er lief umher wie ein gereizter Löwe, lutschte tütenweise Hustenbonbons, um sich den Geschmack an den Zigaretten zu verderben, klagte einmal über Appetitlosigkeit und verblüffte uns am nächsten Tag durch einen Heißhunger, der ihn wahllos alles Eßbare verschlingen ließ. Er hielt es ganze zwei Wochen durch. Dann paffte er wieder. Alle Qualen waren vergeblich gelitten. Er rauchte stärker als zuvor. Schwächling und Waschlappen waren noch zwei der mildesten Schmeicheleien, mit denen ich ihn bedachte.

Jetzt wanderte ich selbst abends ruhelos in meinem Zimmer hin und her, den Blick auf die Zigarettenschachtel gerichtet, und wohl hundertmal griff ich danach, um die Hand leer wieder zurückzuführen. Die Gewöhnung an die Zigarette war bereits so stark, daß ich nicht schreiben, nicht lesen und nicht Radio hören konnte, alles Dinge, bei denen mir das Rauchen zur Selbstverständlichkeit geworden war.

Aber ich hielt das mir selbst gegebene Wort. Ich wußte, daß ein Reduzieren der Zigarettenzahl sinnlos war und nicht zum

Ziel führen würde. Wenn ich das Rauchen aufgeben wollte, mußte es sofort und radikal geschehen. Um nicht in Versuchung zu geraten, beschäftigte ich mich abends so lange in der Küche, bis entweder die Gelegenheit zu einem Schwatz mit Mr. und Mrs. Jay günstig oder die Zeit zum Schlafengehen gekommen war. Ich machte lange Spaziergänge, allein oder in Ingrids Gesellschaft. Und ganz allmählich vergaß ich die Zigaretten. Eines Tages konnte ich sie sogar ohne Begierde ansehen. Das war für mich das Signal. Ich nahm mit spitzen Fingern die teuflischen, unschuldigen Versucherinnen und vergrub sie im Toilettenfach meines Koffers, als stille Mahnung für spätere Zeiten. Ich war mein Laster los. Und ich war nicht wenig stolz darauf.

Der Bann ist gebrochen, Jane erhält eine Vertrauensstellung

Eine Woche nach unserer Aussprache überraschte mich Mrs. Kempster mit der Frage, ob ich Lust zu einer Autofahrt hätte. Es war einer jener klaren Herbsttage, an denen man den Rauch des Kartoffelfeuers kerzengerade über den Äckern stehen sieht. Man riecht den Nebel durch den Sonnenschein, und über den Wäldern hängt morgens ein milchiger Dunst.

Mrs. Kempster hatte sich einige Tage lang gar nicht wohl gefühlt, und ich hatte ziemliche Gewissensbisse, da ich vermutete, die vorausgegangenen Aufregungen seien die Ursache ihrer Unpäßlichkeit. Doch eines Morgens kam sie fröhlich die Treppe herunter in die Halle. Ich saugte den Teppich. Sie tippte mir auf die Schulter. „Haben Sie lange Hosen mit, Jane?" fragte sie. Ich nickte verdutzt. „Hätten Sie Lust zu einer Autofahrt? Wir möchten Sie mitnehmen. Mr. Kempster macht heute eine Inspektionsfahrt. Vielleicht macht es Ihnen Spaß, sich ein bißchen die Gegend anzusehen. Wir möchten, daß Sie die Schönheiten unseres Landes kennenlernen, Sie sind ja immerzu eingesperrt!"

„Und meine Arbeit, Madam?"

„Ziehen Sie sich nur um. Lange Hosen und einen warmen Pullover, wenn Sie so etwas dahaben, es scheint ziemlich frisch zu sein; die Arbeit läuft Ihnen nicht davon, machen Sie sich darüber keine Sorgen. Die Schlafzimmer haben Sie schon aufgeräumt?"

„Ja, Madam."

„Na, sehen Sie! Dann ist ja alles in Ordnung, machen Sie sich jetzt fertig!"

Ich wußte nicht, was diesen Gesinnungswandel verursacht hatte. Reue über meine ungerechte Behandlung oder die Entdekkung der Tatsache, daß Jane aus einem „guten Hause" kam? Mir war jeder Grund recht. Ich zögerte keine Sekunde. Ich feuerte den Staubsauger in die Kammer, alle anderen Arbeitsgeräte hinterher und rannte hinauf in mein Zimmer: „Mrs. Jay, ich mache einen Ausflug!" schrie ich der erschrockenen Farmersfrau durch die offene Küchentür zu, als ich, zwei Stufen auf einmal nehmend, die Treppe hinaufstürmte.

Pünktlich auf die Minute stand ich im grünen Kordanzug, roten Pullover und roter Kordmütze vor der Garage. Mr. und Mrs. Kempster traten aus dem Haus, Mrs. Kempster wie immer ganz in Schwarz, das sie heute durch einen fliederfarbenen Turban aufgelockert hatte.

„Hübsch sehen Sie aus, Jane!" lobte Mr. Kempster.

„Danke, Sir!" Ich hätte das Kompliment gern an Mrs. Kempster weitergegeben, die ich um vieles hübscher als mich selbst fand. Obwohl das schwere Make-up ihr Gesicht etwas puppenhaft machte, war ihre Gesamterscheinung beeindruckend und für eine Frau ihres Alters außerordentlich gut. Was immer sie auch anhatte, stets war sie Dame und junges Mädchen zugleich. Sie hätte gut eine ältere Schwester von mir sein können, eine Schwester, um deren Figur manche meiner Freundinnen sie beneidet hätte. Ich fragte mich, ob es damit zusammenhing, daß sie kinderlos war. Ich hatte die Beobachtung gemacht, daß kinderlose Frauen, ob verheiratet oder ledig, sich auffallend von Müttern unterscheiden. Es liegt nicht daran, daß sie vielleicht herrschsüchtig oder hysterisch sind – es gibt auch solche verheiratete Frauen und Mütter –, aber alle kinderlosen Frauen haben eines gemeinsam: Ihren Zügen und Bewegungen fehlt das Weiche und Sanfte. Auch ihre Sprache ist oft forsch, ihre Stimme jugendlicher, aber unmelodischer als die einer Mutter, möge diese noch so jung und alles andere als matronenhaft im herkömmlichen Sinne sein. Es ist keine Frage des Alters. Auch meine Mutter war keine Matrone, sondern eine moderne Frau, und doch war sie anders. Zugegeben, Mütter sind in den Augen ihrer Kinder stets alterslos und uralt zugleich, doch Mrs. Kempster gehörte fast zu meiner Generation. Ob ich ihr das sagen durfte?

„Ich finde, daß Mrs. Kempster sehr hübsch aussieht."

„So, finden Sie das?" antwortete Mr. Kempster lächelnd. „Das war ein nettes Kompliment, Jane! Steigen Sie ein."

Ich warf einen raschen Blick auf Mrs. Kempster. Sie nickte mir freundlich lächelnd zu. Der Tag versprach ein guter Tag zu werden.

Ich sollte mich nicht getäuscht haben. Wir fuhren durch die herrlichste Parklandschaft, die ich je gesehen hatte. Es ging vorbei an Koppeln, auf denen Pferde grasten, an Schlössern, deren weiße Kalksteinmauern wie Marmor durch die sonnenbeschienenen Bäumen schimmerten. Wir holperten über verwitterte Zugbrücken und fuhren am Fluß entlang, in dessen Wasser sich strohbedeckte Häuser spiegelten, zur Autostraße, die glatt und feucht in der Morgensonne glänzte.

Ich weiß nicht, wer das Gerede vom nassen, nebligen, unfreundlichen England verschuldet hat. Vielleicht waren es die Engländer selbst: Conan Doyle mit seinen Sherlock-Holmes-Romanen, Charles Dickens oder die Kriminalfilme, die der eindringlicheren Wirkung halber ihre Schauplätze in enge Gassen, auf regnerische Winterabende und in düstere Hinterhöfe verlegten, was schon genügt, eine Grusel-Wirkung zu erzeugen. Doch dieser Tag widerlegte alles.

Wir fuhren nach Süden in die Grafschaft Sussex, die an der Küste liegt. Sie heißt mit Recht der „Garten Englands". Rechts und links der Straße erhoben sich sanfte Hügel, ein einsames Kastell, Wälder, Parkanlagen, historische Ruinen und alte Bauernhäuser.

Mrs. Kempster steuerte den Wagen. Ich saß neben ihr, während Mr. Kempster im Fond Platz genommen hatte und irgendwelche Aufzeichnungen studierte, die auf seinen Knien ausgebreitet lagen. Mrs. Kempster erklärte mir die Landschaft, machte mich auf historische Sehenswürdigkeiten aufmerksam, beispielsweise römische Befestigungsanlagen, denn wir passierten den Weg, den William, Duke of Normandy, nach seinem erfolgreichen Kampf gegen König Harold genommen hatte, als er nach London zog, um sich in Westminster Abbey am Weihnachtstag 1066 krönen zu lassen. Und ganz nebenbei erfuhr ich, worauf Mr. Kempsters Reichtum begründet war.

Mr. Kempster kaufte heruntergewirtschaftete Farmen auf. Er baute sie um und stattete sie mit den neuesten, rationellsten Geräten aus. Einem tüchtigen Verwalterehepaar übertrug er die Bewirtschaftung. Er verkaufte den Besitz mit Gewinn, sobald nach einigen Jahren seine Rentabilität erwiesen war. Es waren vorwiegend junge, gut ausgebildete Leute, die die Farmen verwalteten. Meistens wurden sie von dem neuen Besitzer übernommen, falls dieser es nicht vorzog, die Farm selbst zu bewirtschaften. Das war aber nicht oft der Fall, da es in England wie in Deutschland in Kreisen der Geldaristokratie Mode war, sein Vermögen nur wertbeständig in Grundstücken anzulegen. Manchmal gelang es dem Verwalter selbst, den Besitz zu erwerben. Immer aber war es Mr. Kempster, der den größten Gewinn bei geringstem persönlichen Einsatz davontrug, und es sah ganz so aus, als würde er auf diese Weise den größten Teil der Ländereien Südwestenglands unter seine Kontrolle bringen, tatkräftig und klug, wie er war. Sein biederes Aussehen vermittelte den Eindruck eines gutmütigen Pensionärs. Daß das Äußere täuschte, erkannte ich, als ich ihn mit den Verwaltern diskutieren hörte.

Die erste Farm, die wir besuchten, lag in einem kleinen Dorf in der Nähe von Lewes, eines sehr alten Städtchens mit schmalen engen Gassen und der romantischen Atmosphäre vergangener Zeiten. Seine Mauern bergen die Ruinen einer der ältesten Kirchen von Sussex. Die meisten der engen, gewundenen Straßen führen in die High Street. Mrs. Kempster zeigte mir viele historische Bauten, von denen die Elisabethanische Residenz, die für Anna von Kleve, der Gattin Henry VIII., gebaut wurde, und Bull House, das Heim von Thomas Payne, dem Dichter von „The Rights of Man", wohl die bekanntesten waren.

Die Herbstsonne warf ihr goldenes Licht über die Stadt. Die Straßen waren voll von amerikanischen Touristen. Wir verließen die Stadt und fuhren zur Farm.

Ich sagte bereits, daß ich romantisch veranlagt bin, aber selbst ein nüchterner Mensch wäre beim Anblick dieses alten Bauernhauses in Verzückung geaten. Das Anwesen lag ein ganzes Stück abseits von der Landstraße. Birken und Kiefern und haushohes Gebüsch, in dessen Unterholz Hasen huschten und in dessen Zweigen Zaunkönige bei unserem Anblick mit den Flügeln schlugen, säumten den Weg. Ein breiter, moosbedeckter Weiher dehnte sich bis an den fernen Wald. Ein kleinerer lag direkt vor der Farm. Schwäne und Enten schaukelten träge auf dem Wasser. Über eine Holzbrücke fuhren wir zum Haus, das, mit Stroh bedeckt, sich an den Boden duckte.

Die Halle war kühl, niedrig und von rußgeschwärzten Holzbalken durchzogen. Neben dem mächtigen, offenen Kamin hingen Kupfergeräte. Ein handgeschmiedetes Eisengitter in einem Torbogen trennte die Halle von den anderen Räumen.

Der Verwalter und seine Frau hießen uns willkommen. Ihre Haltung war unterwürfig, das fiel mir auf. Mr. Kempster ging sogleich mit dem Verwalter ins Büro. Seine Frau bat uns verlegen ins Haus. Sie schien sich darüber im Zweifel zu sein, wie sie sich mir gegenüber zu verhalten habe. Mrs. Kempster hatte mich als ihr deutsches Hausmädchen vorgestellt. Aus der Reaktion der Frau entnahm ich, daß sie es nicht gewohnt war, Mr. und Mrs. Kempster auf ihren Inspektionsfahrten von einer Hausangestellten begleitet zu sehen. Die Einladung schien so etwas Besonderes und somit eine Ehre für mich zu sein. Die Frau wußte offenbar nicht, was sie daraus machen sollte, entschied sich dann aber für die Einbeziehung meiner Person in die unantastbare Ära des Dienstherren. Ich muß gestehen, daß mir das gefiel.

Sie bewirtete uns mit Tee und Biskuits. Ein kleines Mädchen, das durch das Eisengitter lugte, schickte sie mit heftigen Worten ins Innere des Hauses zurück. Die Kleine tat mir leid. Ich nahm ein Biskuit und ging zum Torbogen und rief die Kleine zurück. Sie war so verschüchtert, daß sie nicht wagte, den Keks anzunehmen. Ihre Mutter nahm ihn für sie und brachte meinen Tee zu dem Fenster, an das ich mich gestellt hatte, um hinauszublicken und den Weiher und die Schwäne auf dem Wasser zu beobachten. Ich genoß es, statt zu bedienen, selbst einmal bedient zu werden. Ich fühlte mich als Mrs. Kempsters liebstes Kind. Ich schäme mich, wenn ich daran denke, und ich kann nur hoffen, sie hat mir meine Anmaßung und Überheblichkeit verziehen.

Ich beschäftigte mich mit der Kleinen, die schließlich doch noch gekommen war, während Mrs. Kempster sich halblaut mit der Farmersfrau unterhielt. Viele harte Worte drangen aus dem Büro zu uns in die Halle. Der schüchterne Ansatz des Abgekanzelten zu einem Entschuldigungsgestammel wurde von Mr. Kempster lautstark im Keim erstickt. Ich schielte zu der Frau hinüber. Sie sah erschreckt aus, war jedoch um Haltung bemüht und erwiderte scheu das Lächeln, mit dem ich ihr zublinzelte. In diesem Augenblick öffnete sich die Tür des Büros. Ich hatte erwartet, Mr. Kempster aufgeregt und sein Gesicht puterrot zu sehen. Nicht einmal sein Schnurrbart zitterte. Kein Muskel regte sich in seinem gutmütigen Bernhardinergesicht, während der Verwalter, in Miene und Haltung eines geprügelten Hundes, die Augen auf die Fersen seines Herrn geheftet, hinter ihm herschlich.

Mr. Kempster trank seinen Tee im Stehen. Dann ging er mit dem Verwalter hinaus, und sie machten einen Rundgang durch die Wirtschaftsgebäude und die umliegenden Felder. Als sie zurückkamen, brachen wir auf. Die Frau hielt die Hand, die ich ihr hingestreckt hatte, einen Augenblick fest. „Es war schön, Sie kennenzulernen“, sagte sie. „Kommen Sie noch einmal mit?“

Ich zuckte verlegen die Schultern und sah Mr. Kempster fragend an. „Es wird sich schon einrichten lassen“, sagte Mr. Kempster.

„Sie haben ein hübsches Kind“, sagte ich. „Wiedersehen! Grüßen Sie die Schwäne von mir! Das nächste Mal bringe ich ihnen allen etwas mit!“

Sie winkte uns nach, bis sie uns nicht mehr sehen konnte.

Wir fuhren wieder zur Küste zurück. In einem Landgasthof, „Smugglers Inn“ genannt nach den Schmugglern, die in früherer Zeit ihre Waren hier lagerten, nahmen wir unseren Lunch ein. Smugglers Inn hatte keine Ähnlichkeit mit einem deutschen Landgasthaus. Es war ein kultiviertes, im Stil alter Landhäuser eingerichtetes, sehr teueres und mit kostbaren alten Möbeln eingerichtetes Klubhaus. Mr. und Mrs. Kempster schienen gut bekannt zu sein. Der Besitzer selbst kam zu unserer Begrüßung herbeigeeilt, suchte einen Tisch für uns aus und stellte unser Menü zusammen.

„Wir möchten etwas Besonderes, Roberts – Fisch oder was immer Sie uns sonst empfehlen“, sagte Mr. Kempster. „Und einen spritzigen Wein. Sie kennen die Marke!“

„Sehr wohl, Sir“, dienerte Mr. Roberts.

Mrs. Kempster gab mir einen Wink, und wir verschwanden. „Wollen Sie sich nicht die Nase pudern?“ fragte sie, nachdem ich meine Hände gewaschen hatte und wartend an der Tür stand. Ich besaß keinen Puder. „Ach?“ sagte Mrs. Kempster, „dann werde ich Ihnen eine Puderdose schenken. Nein, warten Sie, nehmen Sie diese, ich benutze sie selten. Irgend jemand hat sie mir einmal geschenkt, aber ich hänge zu sehr an meinen alten Sachen, um mich an neue gewöhnen zu können!“ Sie drückte mir eine schwere goldene Puderdose in die Hand. Ich war so verblüfft, daß ich sie beinahe auf den Fliesenboden fallen ließ. Ich glaube, ich habe mich nicht einmal dafür bedankt.

Es gab Krabben-Mayonnaise auf Toast, Zunge in Madeira,

Kartoffeln, grüne Erbsen und zum Nachtisch warmen Apfelstrudel mit Vanillesoße, Mokka und einen grünen Likör. Zwischen jedem Gang rauchte Mr. Kempster eine Zigarette, kostete aber nur sparsam vom Wein und verzichtete auf seinen Nachtisch. Mrs. Kempster ließ ihre Kartoffeln auf dem Teller zurück und nahm nur einen sparsamen Schluck Likör.

Ich aß meinen Teller leer, mochte es vielleicht auch nicht ladylike sein. Ich hatte Hunger, und der war größer als meine Bedenken. Ich aß mit großem Vergnügen und trank meinen Mokka und meinen Likör mit einer Selbstverständlichkeit, als ob das etwas ganz Alltägliches für mich sei.

„Sie haben eine wunderbare Art, mit Fremden zu verkehren", sagte Mr. Kempster plötzlich. „Das ist eine seltene Gabe, Jane! Aber Ihnen scheint sie ganz natürlich zu sein."

Ich verschluckte mich fast am Mokka. Meinte er das ironisch?

Ich schielte zu Mrs. Kempster hinüber. Sie sahen mich beide mit Wohlwollen an.

„Ich freue mich", sagte Mr. Kempster weiter, „daß Sie heute Freunde gewonnen haben. Ich schätze Ihre Zurückhaltung, Ihre liebenswürdige, unverbindliche Freundlichkeit. Das wird Ihnen eine große Hilfe in Ihrem späteren Leben sein! Antrieb und Überschwenglichkeit mögen vielleicht im Augenblick beeindrucken, beides kann uns aber auch in große Schwierigkeiten bringen. Ein gesundes Mißtrauen, das nichts Kränkendes zu haben braucht, sondern von der Vorsicht diktiert ist, ist besser als blindes Vertrauen, das nur zu oft Enttäuschungen bringt und nicht selten geeignet ist, eine Blitzfreundschaft in dauernde Feindschaft zu verwandeln. Kein Mensch kann es sich aber leisten, Feinde zu haben."

„Sie meinen, es sei besser, das Herz nicht auf der Zunge zu tragen, Sir?"

„Wenn Sie es so ausdrücken wollen – ja, das meinte ich."

O je! Und gerade das war meine größte Schwäche. Ich schenkte jedem Fremden mein Vertrauen, wenn er sich nur die Mühe machte, ein bißchen freundlich zu mir zu sein. Da ich von anderen Menschen nie schlecht dachte, konnte es leicht geschehen, daß sie mich ausnutzten. Daß ich heute nicht den Mund aufgemacht hatte, geschah weniger aus Zurückhaltung als aus einer gewissen Befangenheit in Mr. und Mrs. Kempsters Gegenwart. Daher hörte ich interessiert zu, vielleicht konnte ich noch einiges lernen.

„Die schwersten Rückschläge und Prüfungen erfahren Menschen durch falsche Freunde und durch die Fehleinschätzung ihrer Situation. Vielleicht hatten Sie heute den Eindruck, ich sei zu hart oder in manchen Dingen zu unnachgiebig gewesen. Schütteln Sie nicht den Kopf, Jane, Ihre Gedanken standen deutlich auf Ihrem Gesicht geschrieben! Sehen Sie, ich bin nur selten auf einer der Farmen, deshalb muß ich mich auf meine Verwalter verlassen können. Das kann ich aber nur, wenn ich ihnen keine Chancen zur Nachlässigkeit gebe. Wenn sie wissen, daß ich jeden Posten in ihren Büchern genau nachprüfe, keine Eigenmächtigkeiten von Tragweite dulde und Unehrlichkeit mit fristloser Entlassung bestrafe ..." Er sah mich fest an. „Ich hoffe, Sie wissen, daß wir von den Farmern sprechen, Jane!"

Mrs. Kempster hatte ihm also alles erzählt! Aber eigentlich war es natürlich, daß sie es tat, schließlich war er ihr Mann.

„Würde ich die Farmen selbst bewirtschaften", fuhr Mr. Kempster fort, nachdem er sein Glas neu gefüllt hatte, „könnte ich mir gestatten, großzügig zu sein und über kleinere Unregelmäßigkeiten oder gelegentliche Arbeitsunlust hinwegzusehen. Aber so wie die Dinge liegen, muß ich mich und mein Eigentum schützen, und das gelingt mir nur durch Autorität, die stark genug ist, ihre Wirkung von einem Inspektionstag zum anderen zu behalten. Die Leute sind nicht meine Feinde, und sie wissen, daß ich nicht ihr Feind bin. Wir sind aufeinander angewiesen; sie auf mich, denn ich gebe ihnen Arbeit und sichere die Existenz ihrer Familie; ich auf sie, denn sie verwalten treuhänderisch mein Eigentum und sichern meine Existenz. Es ist eines der kostspieligsten Irrtümer der Menschen, zu glauben, man brauche andere Menschen nicht."

Er sprach von den Farmern, aber ich konnte mich des Eindrucks nicht erwehren, daß er in gewissem Sinne damit auch unser Verhältnis umriß.

„Nichts ist schlimmer, als sich Feinde zu machen, denn Feindschaft ist immer zerstörerisch. Deshalb sollte man am Anfang immer um Distanz bemüht sein, so lange, bis man sicher ist, oder doch mit einiger Wahrscheinlichkeit annehmen darf, mit seiner Freundschaft und seinem Vertrauen gut aufgehoben zu sein. Und wo gelingt einem das schon! Bei sehr wenigen Menschen, fürchte ich."

„Du wolltest Jane noch etwas sagen, Darling!" schaltete sich Mrs. Kempster ein.

„Wie?" Mr. Kempster blickte irritiert. Er war vom Thema abgekommen und hatte jetzt Mühe, sich an den Ausgangspunkt unseres Gespräches zu erinnern. Ich war gespannt, worauf er eigentlich hinauswollte.

Er ließ sich Zeit. Umständlich zündete er eine neue Zigarette an. „Möchten Sie rauchen, Jane?" Er hielt mir die Packung entgegen. „Es sind allerdings nur Schwarze. Ich habe die schlechte Angewohnheit, viel zu starke Zigaretten zu rauchen, sie werden mich eines Tages umbringen, zusammen mit meiner Vorliebe für Gin und starke Aperitifs."

Ich schüttelte den Kopf. „Vielen Dank, Sir. Ich habe das Rauchen aufgegeben, das heißt, ich bin dabei." Ich fühlte, wie ich bei diesem Geständnis errötete. Ich konnte es nicht verhindern. Aber auch Mrs. Kempsters Gesicht wurde heiß, und eine Ader klopfte heftig an ihrem Hals. Sie räusperte sich. „Ich hoffe, ich war nicht der Anlaß Ihres Entschlusses, Jane."

„Nur bedingt, Madam", antwortete ich höflich. „Es hätte mich auf die Dauer krank gemacht. Ich fühle mich jetzt viel besser, freier, möchte ich sagen. Wie Mr. Kempster eben meinte: Es ist eine schlechte Angewohnheit und zu gar nichts nütze."

„Kluges Mädchen", sagte Mr. Kempster. „Nichts ruiniert den Teint einer Frau schneller als Nikotin." Seine Frau zuckte zusammen. Ich begriff nicht, warum. Sie blickte verwirrt.

„Ja, also, Jane! Was ich Ihnen mitzuteilen habe, ist folgendes." Er räusperte sich. „Mrs. Kempster ist der Meinung, daß Sie nicht sehr glücklich bei uns sind. Sie brauchen nicht verlegen zu werden! Ich hatte diesen Eindruck nicht, aber vielleicht täuschte ich mich. Es war offenbar alles von Anfang an ein Mißverständnis. Wenn ich Mrs. Kempster richtig verstanden habe, war die Agentur daran schuld. Lassen Sie mich ausreden! Ich glaube jedenfalls, daß Sie mit der besten Absicht zu uns kamen. Es kommt aber gelegentlich vor, daß man sich mehr vornimmt, als man bewältigen kann. Man hat den besten Willen und alle guten Vorsätze, und das hatten Sie ohne Zweifel, Jane! Aber man hat seine Kräfte überschätzt oder das Ausmaß der Schwierigkeiten nicht erkannt. Das ist keine Schande und kein Grund, gering von sich zu denken. Jedem Können sind Grenzen gesetzt, und ich meine, Sie haben sich ehrlich bemüht. Mrs. Kempster ist nicht unzufrieden mit Ihnen, das möchte ich betonen! Aber wir möchten, daß Sie glücklich sind. Wir haben uns in Ihrem Interesse mit Freunden beraten, Jane! Die Nichte unserer Nachbarin, Mrs. Parker, Sie kennen Sie, sucht ein Mädchen zur Betreuung ihrer beiden Kinder. Sie sind drei und fünf Jahre alt, nicht wahr, Dorothey?" Mrs. Kempster nickte. „Man würde Sie sehr gern für diese Stelle gewinnen, Jane. Mrs. Parker hat uns gebeten, uns für ihre Nichte bei Ihnen einzusetzen. Natürlich könnten Sie erst wechseln, wenn Mrs. Kempster ein anderes Mädchen gefunden hat. Was halten Sie davon, Jane?"

„Ich möchte sehr gern in Ihrem Haus bleiben, Sir", sagte ich heiser. Die Stelle wechseln, mich wieder an eine andere Umgebung gewöhnen, fort von Mr. und Mrs. Jay, von Ingrid, von dem alten Farmhaus – und Kindermädchen bei fremden Leuten spielen! Ein entsetzlicher Gedanke! Ich schüttelte den Kopf.

„Sie brauchen sich nicht sofort zu entscheiden, lassen Sie sich Zeit, Jane!" sagte Mr. Kempster freundlich. „Es ist eine Vertrauensstelle, wissen Sie. Sie würden mit der Familie zusammen sein, mit ihr zusammen essen, ausfahren, die Familie auch in den Urlaub begleiten."

Ich schüttelte beharrlich den Kopf.

„Vielleicht ist es bei uns wirklich zu ruhig für Sie. Mrs. Kempster und ich leben sehr zurückgezogen. Junge Menschen brauchen gewisse Anregung und Zerstreuung. Mrs. Parkers Nichte wohnt mit ihrer Familie in London."

„Es gibt dort Kinos, Theater und Tanzklubs, wäre das nicht wunderbar für Sie, Jane?" fragte Mrs. Kempster.

„Ich weiß nicht . . .! Nein, Madam", sagte ich. „Ich glaube nicht. Wie lange, denken Sie, würde es dauern, bis Sie ein neues Mädchen gefunden haben?"

„Das ist schwer zu sagen, vielleicht ein bis zwei Monate, vielleicht etwas früher, wenn wir Glück haben."

„Dann möchte ich nach dieser Zeit lieber gleich nach Hause zurück", sagte ich bestimmt. Bis dahin wäre ich ein halbes Jahr hier gewesen. Ich glaube nicht, daß jemand etwas dabei findet, mich dann nach Hause zurückkehren zu sehen.

„Hören Sie, Jane! Sie müssen uns nicht verlassen, wenn Sie nicht wollen", sagte Mrs. Kempster. „Wir waren der Meinung, wir würden Ihnen eine Freude machen, wenn wir Ihnen diese Stelle vermittelten. Mrs. Parkers Nichte ist reizend, und sie hat entzückende, gut erzogene Kinder. Aber natürlich war es nur ein Vorschlag, wir hatten ursprünglich ganz andere Pläne mit Ihnen."

„Ja, Madam?"

Mr. Roberts kam an unseren Tisch, um sich zu erkundigen, ob Mr. Kempster mit dem Essen zufrieden gewesen sei. Ich lehnte mich in meinem Sessel zurück. Ich fühlte mich schläfrig. Das reichliche Essen, der Wein und der starke Likör taten ihre Wirkung. Vielleicht lag es auch an der Enttäuschung von gerade eben. Immer dann, wenn ich glaubte, jetzt ist alles in Ordnung, erhielt ich einen Tiefschlag, der mich in die Knie zwang. In der Schule war es genauso gewesen. Heute war ich „obenauf", und am nächsten Tag hatte ich meine „Fünf weg"! Nichts war von Bestand. Nicht einmal die Liebe. Erst hatte es zwischen Ralf und mir nur Schwierigkeiten gegeben. Ich war nicht einmal sicher, ob ich ihn überhaupt mochte. Als ich ihn schließlich gern zu haben begann und mich an ihn gewöhnt hatte und jeder mich als seine Freundin betrachtete, drehte sich der Wind, und er lief wie ein Spürhund einer anderen Fährte nach.

Der Besitzer von Smugglers Inn unterhielt sich jetzt mit Mr. Kempster über die Jagd und darüber, wann die beste Zeit für Rebhühner sei. Ich hörte ihnen verdrossen zu. Ich war mir selbst über. Ich hatte Weltschmerz, und nichts vermochte mich zu trösten, nicht einmal Mrs. Kempsters Frage, ob ich ein Eis haben möchte. Die Zukunft war grau, die Vergangenheit verlogen und düster, die Liebe ein Blitzstrahl, der erlosch, bevor ich noch Gelegenheit fand, sein Geheimnis zu deuten. „Ja, Madam, ich möchte gern ein Eis", sagte ich.

„O gut, Jane!" strahlte Mrs. Kempster. Mr. Roberts empfahl sich mit einer Verbeugung. „Und bitte, machen Sie nicht solch unglückliches Gesicht! Ich fürchte, Jane hat unsere Absicht mißdeutet, Darling", erklärte sie ihrem Mann, der mich bei ihren Worten aufmerksam ansah. „Mr. Kempster und ich hatten uns gefragt, ob es Ihnen vielleicht Spaß machen würde, Mr. Kempster bei der Erledigung seiner Korrespondenz zu helfen. Sie sagten mir, Sie hätten einen Kursus in Maschineschreiben absolviert. Natürlich würden wir Sie im Haushalt entlasten, falls Sie unserem Vorschlag zustimmten und sich wirklich entschlössen, bei uns zu bleiben. Als wir ohne Mädchen waren, hatten wir eine Putzhilfe. Ich bin sicher, daß sie gerne wieder für uns arbeiten würde. Sie hätten dann Zeit, sich um Mr. Kempsters Korrespondenz zu kümmern. Würde Ihnen das gefallen, Jane? Ich meine für den Fall, daß Sie nicht vorzeitig nach Deutschland zurückkehren möchten. Es ist keine umfangreiche Korrespondenz. Sie hätten ein paar Journale zu führen, etwas Archivarbeit zu erledigen, ein paar Briefe zu tippen. Ich habe das bisher selbst erledigt, möchte mich aber etwas mehr schonen. Ich bin sicher, daß Sie Mr. Kempster eine große Hilfe wären!"

„Das wäre wirklich etwas für mich! Danke, Madam – Mr. Kempster! Ich möchte sehr gern bei Ihnen bleiben", sagte ich.

Besuch kündigt sich an, und Jane muß sich behaupten

Am nächsten Morgen fühlte sich Mrs. Kempster wieder nicht wohl. Mr. Kempster, der an diesem Morgen wie an jedem Dienstag zur Bank nach London fuhr, bat mich, den Zitronensaft seiner Frau wieder mit hinunterzunehmen und sie noch eine Weile schlafen zu lassen.

Mrs. Kempster erschien auch nicht zum Frühstück. Bevor Mr. Kempster das Haus verließ, bat er mich, gegen elf Uhr einmal nach ihr zu sehen, falls sie bis dahin noch nicht nach mir geklingelt habe. Er war in großer Sorge. Ich versprach ihm, mein Bestes zu tun und Mrs. Kempster gut zu betreuen.

Als er abgefahren war, war das Haus leer und still. Um Mrs. Kempster nicht zu stören, unterließ ich das Staubsaugen und bemühte mich, so wenig Lärm wie möglich zu machen. Aber alles, was ich an diesem Morgen unternahm, schien auf eine unheimliche Weise laut zu sein. Schließlich gab ich es auf. Um zehn Uhr kratzte Mr. Timo, der Boxerrüde, an der Vordertür. Als ich ihn einließ, trabte er durch die Diele, stand an der Treppe zum oberen Stock und sah sich suchend nach seiner Herrin um. Ich versperrte ihm den Weg zum Obergeschoß. „Komm in den Garten“, schmeichelte ich und drängte ihn zur Küchentür. „Leg dich in die Sonne, ich bringe dir Hundekuchen, ja?“ Er schnaubte, und seine Augen blickten trüb und vorwurfsvoll. „Hör zu“, sagte ich. „Schließlich kann ich nichts dafür. Du darfst jetzt nicht hinauf! Nun sei ein braver Hund und troll dich, all right?“ Er trabte hinaus. Ich war schon öfter allein gewesen, aber nie zuvor war mir das Haus so verlassen erschienen. Es ist zweierlei, zu wissen, man ist allein im Haus, oder aber mit einer zweiten Person in den stillen Räumen zu sein und trotzdem nichts als sich selbst zu hören.

Um halb elf Uhr ertrug ich die trügerische Stille nicht mehr. Ich schlich die Treppe hinauf und ging auf Zehenspitzen über den Korridor zu Mrs. Kempsters Schlafzimmertür. Immer noch unschlüssig, ob ich es wagen dürfe einzutreten, legte ich das Ohr ans Schlüsselloch. Nichts rührte sich. Oder doch? Jetzt hörte ich es deutlich. Ein Geräusch, wie es entsteht, wenn ein Schläfer sich auf die Seite wälzt. Na, wenigstens lebte sie noch!

„Jane?“

Ihre Stimme klang überraschend klar, und sie traf mich so unvorbereitet, daß ich erschrocken hochfuhr und mit der Stirn von unten gegen die Türklinke schlug. „Sind Sie das, Jane? Kommen Sie doch herein!“ Ich rieb mir die schmerzende Schläfe und öffnete die Tür.

Das Zimmer lag im Halbdunkel. Der Vorhang bauschte sich einen Augenblick lang im Luftzug. Ein hereinfallender Sonnenstrahl huschte über das Blütendekor der Zudecke und wanderte von dort über Mrs. Kempster. Ich sah nur ihr Haar. Das Gesicht lag im Schatten. „Guten Morgen, Madam. Wie geht es Ihnen? Hoffentlich habe ich Sie nicht gestört?“ stotterte ich.

„Guten Morgen. Kommen Sie herein, und bitte, schließen Sie die Tür!“ Ihre Stimme klang wirklich sehr klar und gar nicht leidend, wenn auch eine leise Ungeduld mitschwang. Doch plötzlich veränderte sich ihre Stimme, und sie sagte klagend: „Es geht mir nicht gut. Ich möchte heute einen Safttag einlegen.“ Sie seufzte tief: „Ich möchte kein Frühstück, nur Obstsäfte, auch zum Lunch und zum Dinner.“ Es mußte eine merkwürdige Krankheit sein, an der sie litt.

„Es tut mir leid, Madam, daß es Ihnen nicht gut geht, meine ich.“ Ich schloß die Tür und blieb stehen. „Möchten Sie, daß ich den Arzt benachrichtige? Mr. Kempster hatte mich gebeten, Sie nicht zu stören; hoffentlich habe ich Sie nicht aufgeweckt.“

„Ich habe nicht geschlafen.“

„Oh, es tut mir leid, Madam!“ Ich wiederholte mich, aber ich wußte nicht, was ich sonst hätte sagen können. Ich wußte nicht, was ihr fehlte, und ich hatte auch keine Ahnung, was zu tun war.

8 6795-11

Die Kammerzofen und Butler in Romanen und im Fernsehen nahmen sich manchmal eine ganze Menge ihren Dienstherren gegenüber heraus. Aber das war phantasievoll Erdachtes. Warum war ich bloß so unsicher? In Mrs. Kempsters Gegenwart verließ mich regelmäßig mein gesunder Menschenverstand, dem ich in Zweifelsfällen immer folgte. Von allem Anfang an hatte ich Angst gehabt, etwas Verkehrtes zu tun, und tat es auch. Es konnte aber nicht nur an mir und meiner Untüchtigkeit liegen.

Um Zeit zu gewinnen und auch, um mich nützlich zu machen, ging ich zum Fenster, um es zu öffnen. Ich schob den düsteren Vorhang zurück. „Lassen Sie das!" schrie Mrs. Kempster auf. Erschrocken ließ ich die Hände sinken. Das Fenster, vom Druck des schweren Vorhanges befreit, öffnete sich langsam. Hinter mir kam Mrs. Kempsters Stimme wie das Zischen eines Bogenpfeiles: „Schließen Sie das Fenster! So hören Sie doch! Ich will das nicht!" Rasch schloß ich das Fenster wieder. „Entschuldigen Sie, Madam", sagte ich beleidigt und drehte mich langsam zu ihr um. „Draußen ist wunderschöner Sonnenschein, ich dachte, die Luft würde Ihnen guttun. Ich konnte nicht wissen, daß Sie erkältet . . ."

Entsetzt verstummte ich. Ohne Make-up hatte ich sie noch nie gesehen. Sie lag unter dem Blütendekor der Zudecke, eine Kopfrolle im Nacken, auf eine erschreckende Weise verändert. Fahlblonde Haare hingen dünn und strähnig um ihren Kopf. Die Augen blickten glanzlos. Die Lippen waren zusammengekniffen und faltig wie der Mund einer alten, zahnlosen Frau. Die Person in diesem Bett hatte keine Ähnlichkeit mit der Mrs. Kempster, die ich kannte und die ich bisher heimlich bewundert hatte. Sie starrte mich feindselig an. Feindselig und arrogant zugleich, als wollten mir ihre Blicke bedeuten: „Hüte dich! Wage nicht, mich zu beleidigen!"

Ich räusperte mich. „Möchten Sie, daß ich Ihnen jetzt ein Glas Fruchtsaft bringe, Madam?" fragte ich und bemühte mich, meiner Stimme Festigkeit zu geben.

„Wenn es möglich ist", sagte sie kalt.

„Selbstverständlich, Madam!" antwortete ich fröhlich. „Orangensaft oder Zitrone oder besser Grapefruitsaft? Es ist alles da!" Sie durfte nicht bemerken, wie betroffen ich war.

„Wie Sie wollen!"

Ich blickte sie fest an und wartete. Sie war immer noch mißtrauisch. „Bevor Sie gehen, geben Sie mir bitte das Buch dort herüber."

Ich brachte ihr das Buch vom Frisiertisch. Wieder sah sie mich forschend an, als ich mich über das Bett beugte. Sie tat einen tiefen, zitternden Atemzug. Dann legte sie sich zurück, entkrampfte die Hand, die sie zur Faust geballt hatte, und entspannte sich.

„Öffnen Sie das Fenster bitte wieder", sagte sie plötzlich. „Ich habe frische Luft gern. Ich bin auch nicht erkältet! Ich habe vorhin den Vorhang gemeint; ihn hätten Sie nicht zurückschieben sollen. Aber das spielt jetzt keine Rolle mehr, nicht wahr, Jane?"

Sie lächelte mir schwach zu.

Ich strahlte. „Gewiß nicht, Madam! Ich finde es auch viel freundlicher so! Dunkle Vorhänge machen melancholisch. Die ganze Welt sieht dann grau und düster aus. Meine Mutter sagt immer, daß nichts so traurig ist wie ein unfreundlicher Raum. Sie will immer, daß die Sonne hereinleuchtet, in die Wohnung, in die Seele!"

„Das ist ein guter Gedanke. Ihre Mutter ist eine kluge Frau!"

Wir sprachen vom Vorhang und meinten beide ihr Gesicht.

„Bringen Sie mir jetzt ein Glas Orangensaft, bitte? Und meine Post, falls etwas für mich dabeigewesen ist."

„Sehr wohl, Madam", sagte ich. Beim Hinausgehen sah ich auf einem Lederhocker in der Ecke die Lockenperücke liegen.

Ich konnte es noch nicht fassen. Während ich die Orangen auspreßte, mußte ich darüber nachgrübeln, wie es möglich war, daß ein bißchen flüssige Schminke, ein Haarteil, angeklebte Wimpern, Puder und Tusche das Äußere eines Menschen derart verändern konnten, daß er darunter verschwand und ein zweites

Wesen zum Vorschein kam. Ich fragte mich, was Mrs. Kempster so zerstört haben mochte. Meinen Freundinnen hatte ich sie als Glamour-Girl geschildert, und meine Mutter hatte ich eifersüchtig gemacht. Es war unfaßbar. Diese fahlen, spröden Haare, die die Kopfhaut durchschimmern ließen; die spärlichen, farblosen Wimpern, kerzengerade und lückenhaft wie eine abgenutzte Zahnbürste. Am erschreckendsten war die Veränderung ihres Teints: großporig, aufgedunsen und grau! Gewiß war das der Grund dafür, daß morgens, wenn ich den Zitronensaft brachte, die Vorhänge fest verschlossen waren und daß sie mit abgewandtem Gesicht meinen Gruß erwiderte. Ich hatte es für Arroganz gehalten, hatte geglaubt, daß sie es für unter ihrer Würde hielt, sich ihrer Hausangestellten wegen auf die andere Seite zu legen, und sie war doch nur darauf bedacht gewesen, daß ich ihr Gesicht nicht sah.

Ich erschrak und lief zum Spiegel. Angstvoll prüfte ich die Fältchen in meinen Augenwinkeln. – Waren das die ersten Zeichen? Ich schnitt Grimassen, hob die Augenlider mit den Fingern, untersuchte meinen Mund, die Nasenfalten und die Kinnpartie. Gott sei Dank, mein Gesicht war glatt. Kein Grund zur Sorge.

Mrs. Kempster tat mir leid. Wie elend mußte ihr zumute sein, wenn sie sich im Spiegel besah – sie, die so großen Wert auf Gepflegtsein und ein gutes Aussehen legte. Wieviel Anstrengung mochte es sie kosten, ihrer Umwelt ein strahlendes, immer junges Mädchen vorzuspielen. Sicher hatte sie als junges Mädchen genauso hübsch ausgesehen wie alle anderen Mädchen. Vielleicht hatte sie früher auch einen zarten, blühenden Teint gehabt. Vorsichtshalber beschloß ich, mit dem Make-up doch etwas sparsamer umzugehen, es nur bei großen Gelegenheiten, an Abenden, an denen ich ausgehen würde, aufzulegen.

Aber ihre Figur war echt. Das jedenfalls wußte ich genau. Ihre Wäsche kannte ich, sie hatte die gleiche Größe wie ich.

Irgendwie freute ich mich, daß wenigstens ihre Figur keine Imitation war.

Als ich mit dem Orangensaft zurückkam, saß sie im Bett, ein paar Kissen als Stütze im Rücken. Das Buch lag vor ihr. Aber sie las nicht, sondern blickte durch das offene Fenster in die Krone der Ulme. Ihr Gesicht wirkte lebhafter. Überhaupt kam sie mir aufgeräumter vor. „Stellen Sie das Tablett einstweilen auf den Frisiertisch, Jane", sagte sie, und dann lachte sie plötzlich laut auf. „Ich fürchte, ich habe keinen rechten Appetit auf einen Safttag! Ich möchte später einen Tee und zum Lunch ein kleines Rührei, was halten Sie davon?"

„Ich finde, es ist eine ausgezeichnete Idee, Madam", sagte ich, auf ihre Fröhlichkeit eingehend.

„Nicht wahr? Es tut mir nur leid, Ihnen solche Umstände zu machen. Bedeutet das nicht eine Menge Mehrarbeit für Sie?"

„Gar nicht! Es macht mir wirklich nichts aus, Madam", sagte ich ehrlich. „Ich tue das gern für Sie."

„Das ist nett von Ihnen, Jane", sagte sie herzlich. „Sie sind reizend. Schade, daß wir uns anfangs mißverstanden haben, aber das ist jetzt vorbei, nicht wahr?" Wenn Mrs. Kempster lachte, vergaß man ihr entstelltes Gesicht. „Kommen Sie, setzen Sie sich einen Augenblick zu mir, Jane", sagte sie. „Ich möchte mit Ihnen plaudern, ich möchte Ihnen etwas erklären."

Ich setzte das Tablett ab. Auf dem Hocker lag die unvermeidliche Bernsteinkette. Ich legte sie auf den Frisiertisch und trug den Hocker zum Bett. Gespannt auf das, was Mrs. Kempster mir zu sagen hatte, setzte ich mich nieder.

Mrs. Kempster ließ sich Zeit. Sie schlug das Buch auf, klappte es wieder zu und blickte an mir vorbei zum Fenster hinaus. Dann wanderte ihr Blick zu mir zurück. „Sicher haben Sie schon bemerkt, wie nervös ich bin. Vielleicht erscheine ich Ihnen manchmal ungerecht oder launisch. Aber das bin ich wirklich nicht, ich wollte es wenigstens nie sein."

„Nein, Madam, gewiß nicht! Ich fand Sie im Gegenteil immer sehr freundlich", beeilte ich mich einzuwerfen. Und dabei errötete ich prompt. Lügen war nie meine Stärke. Als ich ganz klein war und meine ersten Versuche im Lügen unternahm, pflegte meine Mutter zu behaupten, die kleinste Lüge zeichne sich auf meiner Nasenspitze ab. Noch heute juckt es mich unwillkürlich in den Fingern, die Stelle zu befühlen, die mir zum Verräter wird, wenn ich mich bei einer Verlegenheitslüge ertappt glaube.

„Sie sind keine geschickte Lügnerin, Jane“, stellte Mrs. Kempster befriedigt fest. „Ich wollte auch keinen Widerspruch oder gar Komplimente von Ihnen hören. Wir wollen offen miteinander sprechen. Sie sind ein kluges Mädchen, und ich fühle, es ist besser, wenn ich ehrlich zu Ihnen bin. Ich möchte, daß Sie mich besser verstehen. Wir Engländer halten im allgemeinen nichts davon, mit Außenstehenden Persönliches zu besprechen. Vielleicht ist das falsch. Wir werden deshalb oft mißverstanden. Man lehrt uns von frühester Jugend an, uns zu beherrschen. Vielleicht sollte man sich öfter einmal so zeigen, wie man wirklich ist. Der Amerikaner lebt nach dem Gesetz des ‚Keep-smiling‘. Unsere Lebensregel heißt: ‚Keep your Temper! Beherrsche dich!‘ Eines ist, glaube ich, genauso verkehrt wie das andere. Die Amerikaner reagieren den so angestauten Streß auf den Liegebetten ihrer Psychiater ab, wir gehen uns selbst und unseren Mitmenschen auf die Nerven. Es mag Sie merkwürdig berühren, mich in dieser Weise über meine Landsleute urteilen zu hören. Aber ich bin viel in der Welt herumgekommen. Es ging mir auch nicht immer so gut wie heute. Aber die wichtigste Lehre, die ich aus den Begegnungen mit Angehörigen anderer Völker gezogen habe, ist die, daß man dem Ansehen seines Landes als Einzelperson viel mehr schaden oder nützen kann, als gemeinhin angenommen wird. Jeder ist Repräsentant seines Landes. Nicht die Botschaft, die Regierung oder Königshäuser bestimmen das Urteil, das über ein Land gefällt wird, sondern Menschen wie Sie und ich. Weil das, was wir mit ‚öffentliche Meinung‘ bezeichnen, sich auf dieser Ebene vollzieht.“

Sie wickelte verlegen eine Haarsträhne um ihre Finger. Sie sah so rührend menschlich und verlegen aus, daß ich ihr am liebsten gesagt hätte, bemühen Sie sich nicht weiter, ich verstehe Sie auch so. Ich weiß, was Sie mir sagen möchten, und ich danke Ihnen für Ihr Vertrauen. Aber ich unterbrach sie nicht. Ich fühlte, daß sie weitersprechen mußte, daß es ihr ein Bedürfnis war, sich auszusprechen. Es tat mir leid, sie von Anfang an verkannt zu haben.

„Ich bin in den letzten Jahren sehr krank gewesen", sagte sie mit schwachem Lächeln. „Mr. Kempster war in dieser Zeit rührend besorgt um mich. Er ist ein echter Gentleman und guter Ehemann. Deshalb bemühe ich mich, ihm eine gute Hausfrau zu sein und alle häuslichen Sorgen von ihm fernzuhalten. Ich glaube, das ist die vornehmste Aufgabe jeder Ehefrau."

Ihr Blick wanderte an mir vorbei. „Manchmal denke ich, die Kette sei an allem schuld", sagte sie unvermittelt. „Sie hat mir kein Glück gebracht." Ihrem Blick folgend, drehte ich mich um. Sie sprach von der Bernsteinkette, die ich auf den Frisiertisch gelegt hatte. „Erst stürzte ich vom Pferd", sagte sie bitter, „lag monatelang halbgelähmt, und als ich wieder gehen konnte, fingen die Unterleibsschmerzen an. Ein paar Monate später wurde ich operiert. Ich mußte mich einer Totaloperation unterziehen. Seither kommen diese Beschwerden im monatlichen Zyklus. Der Körper war auf diese Umstellung nicht vorbereitet. Es gibt Tage, an denen ich mir wünsche, in der Operation gestorben zu sein."

„Es tut mir so leid, Madam", murmelte ich. Aber Mrs. Kempster hörte mich nicht. Sie starrte noch immer die Kette an. „Sie gehörte einer Freundin, die vor drei Jahren an der gleichen Krankheit gestorben ist. Ihr Mann schenkte sie mir zum Andenken an seine Frau. Halten Sie meinen Aberglauben für ungerechtfertigt?" fragte sie plötzlich.

„Ich weiß nicht", stammelte ich verlegen. „Ich bin katholisch erzogen, Madam. Man hat uns gelehrt, auf die Kraft des Gebetes zu vertrauen. Aber warum sollte einem Gegenstand, der einem uns nahestehenden Menschen gehörte, nicht eine gewisse Kraft innewohnen? Allerdings denke ich, daß die Kraft mehr aus uns selbst kommt, aus den Gedanken, die wir daran wenden." Ich dachte einen Augenblick nach, da ich nicht wußte, wie ich es formulieren sollte. „Sie sollten vielleicht denken, die Kette wurde

Ihnen als Schutz gegeben, damit Ihnen nicht das gleiche wie Ihrer Freundin geschieht!“ sagte ich zaghaft und meiner großen Worte wegen leicht verlegen.

„Daran habe ich noch gar nicht gedacht“, sagte Frau Kempster ernsthaft. „Eigentlich seltsam, warum habe ich es nie von dieser Seite aus betrachtet! Sie sind ja eine kleine Philosophin, Jane!“

„O nein, Madam“, widersprach ich. „Das bin ich wirklich nicht. Ich habe nur Eltern, die vieles mit ihren Kindern besprechen und die von uns verlangen, nach den ‚Gesetzen des Lebens‘ zu forschen. So drückt meine Mutter es aus. Sie meint damit, man sollte jede Frage ausleuchten und den Dingen bis auf den Grund nachgehen.“

„Seien Sie glücklich, daß Sie solche Eltern haben.“

„Ja, sicher“, sagte ich achselzuckend. „Aber manchmal sind sie auch lästig mit ihrer Gründlichkeit. Was glauben Sie, wie streng mein Vater in seinen Prinzipien sein kann! Eltern sind eben ein Problem für sich, man muß damit fertig werden. Ehrlich gesagt, ich möchte ja auch nicht mein Kind sein.“

Mrs. Kempster hob fragend die Augenbrauen. Dann lachte sie plötzlich. „Ihre Wahrheitsliebe ist verblüffend! Aber gerade das macht Sie so sympathisch! Sie sagen immer genau das, was Sie denken, Jane. Hoffentlich ändert sich das nicht. Wenn man erwachsen ist, macht man zu viele Zugeständnisse. Man glaubt, sie machen zu müssen. Vielleicht ist es das, was das Miteinander so schwierig macht! Ich habe meine Mutter früh verloren. Ich war acht Jahre alt, aber ich erinnere mich nicht mehr an sie. Mein Vater war Kolonialbeamter in Indien. Das Klima hat uns nicht gutgetan. Ich war blond wie meine Mutter. Nach ihrem Tode hat niemand mehr darauf geachtet, daß ich vor der Sonne geschützt nach draußen ging. Ich war immer in der Sonne. Sie haben vorhin zum erstenmal mein Gesicht gesehen. Kein erfreulicher Anblick, nicht wahr? Den Rest besorgten die Pocken. Ich war zwar geimpft, deshalb überstand ich es leidlich, und die Verheerungen waren nicht gar zu schlimm. Trotzdem genügte es, um viele Jahre meines Lebens zu zerstören. Ich stürzte mich in einen Beruf und wurde Sekretärin. Ich glaube, ich war die tüchtigste Sekretärin des ganzen Commonwealth."

Ich bemühte mich, sie nicht anzusehen. Ich hatte ihr einiges abzubitten. Sie war eine verdammt tapfere Frau, und ich war ein großer Dummkopf, der alle Menschen nach seinen eigenen kleinen Maßstäben beurteilte. „Sie hatten keine schöne Zeit, nicht wahr, Madam?" sagte ich, als sie schwieg.

„Doch, Jane, ich hatte eine gute Zeit. Meine Arbeit befriedigte mich. Und dann bin ich durch meinen Beruf Mr. Kempster begegnet. Ich habe lange für ihn gearbeitet. Ich sagte Ihnen schon, daß ich tüchtig war. Mr. Kempster imponierte das. Wäre ich hübscher gewesen, hätte er mir vielleicht nicht mehr Beachtung geschenkt als all seinen anderen Sekretärinnen vor mir. Er hätte dann das Gefühl haben müssen, auf der Hut zu sein, stets den überlegenen, alles wissenden und alles verstehenden Chef und Gentleman zu spielen. Das ist sehr anstrengend für einen Mann. Bei mir hatte er dieses Gefühl nicht. Er konnte die Maske ablegen. Das machte uns zu Vertrauten, brachte uns einander nahe." Mrs. Kempster lächelte. „Ich kann nur jedem Mädchen, das sich im Berufsleben bewähren will, raten", sagte sie, „ein hübsches Gesicht nicht überzubewerten. Gepflegtsein ist gut. Eine gute Figur und das Gewisse, das eine charmante, selbstbewußte Frau umgibt, zusammen mit umfassender Allgemeinbildung sind die großen Hilfen im beruflichen und privaten Leben. Aber es ist geradezu gefährlich, sich allein auf ein hübsches Gesicht zu verlassen. Wieviel besser ist es doch, sich zunächst auf seine Ausbildung zu konzentrieren, in seinem Beruf das Beste zu leisten und an Glück nicht zu denken. Über Nacht stellt es sich dann ganz von selbst ein. Ein Schriftsteller hat es einmal so formuliert: ‚Versuche dein Glück zu kaufen, und es huscht fort. Fege es während deiner Arbeit beiseite, und es wird neben deinen Ellbogen sein.' Ich denke, das ist das ganze Geheimnis erfolgreicher Menschen."

„Ja, das glaube ich auch. Es ist schön, mit Ihnen darüber zu sprechen, Madam", sagte ich. „Sie sind reich, weil Sie so empfinden. Ich denke auch, ein hübsches Gesicht ist kein Verdienst, ist nichts, worauf man stolz sein müßte."

„Aber dankbar", warf Mrs. Kempster ein. „Sie sollten dankbar dafür sein, Jane!" Sie hielt mir ihre Hand hin, und ich ergriff sie verlegen. „Jetzt habe ich Ihnen alles von mir erzählt." Sie streichelte leicht über meinen Handrücken.

„Ich möchte Ihnen dafür danken."

Mrs. Kempster lachte. „Danken Sie mir nicht. Denken Sie nur daran, wenn Sie wieder einmal besonders ärgerlich darüber sind, nicht zu Hause geblieben, sondern in dieses unfreundliche, gastfeindliche England gekommen zu sein. Jedes wirklich erfüllte Leben setzt Erfahrungen voraus, die man in der Geborgenheit seiner Familie und in der Enge seiner Heimatstadt nicht sammeln kann."

Am Nachmittag stand Mrs. Kempster auf. Als Mr. Kempster nach Hause kam, schlug sie vor, einen Spaziergang mit ihm zu machen. Als Mr. Kempster besorgt darauf bestehen wollte, zuerst den Arzt darüber zu befragen, sagte Mrs. Kempster, sie brauchte keinen Arzt mehr, denn sie habe sich entschlossen, nicht länger krank zu sein.

In der darauffolgenden Woche wurde eine Putzfrau eingestellt.

Mrs. Jay und Ingrid wollten es nicht fassen. Nur Mr. Jay zeigte sich von der Entwicklung unbeeindruckt. „Was willst du", sagte er zu seiner Frau. „Habe ich dir nicht von Anfang an gesagt, mit diesem deutschen Mädchen Jane werden wir noch etwas erleben?" Stolz fuhr er fort: „Haben wir nicht schon eine ganze Menge erlebt? Hat Mrs. Kempster nicht ihre Morgenritte wieder aufgenommen? Geht sie nicht jeden Abend brav spazieren? Gestern habe ich sie zum erstenmal seit langer Zeit auf dem Tennisplatz trainieren sehen! Und weißt du, mit wem sie trainierte? Mit unserer lieben, kleinen Jane! Sie hat sie ganz schön herumgescheucht!" Er blinzelte mir zu. „Jane unsere Mrs. Kempster, selbstverständlich! Madam war ständig in Bewegung, pustend wie ein Turnierpferd."

„Weil ich die Bälle zu hart gab? Ich kann nichts dafür, ich habe noch nie Rasentennis gespielt", entschuldigte ich mich.

„Weshalb verteidigst du dich, Mädchen?" sagte Mr. Jay entrüstet. „Es tut ihr gut! Natürlich hast du es absichtlich getan, mir machst du nichts vor ... Deutsche Mädchen sind hart im Geben wie im Nehmen!"

„Woher weißt du das so sicher, Mr. Jay?" fragte seine kleine, energische Frau.

„Ich denke es mir. Reine Kombinationssache", antwortete Mr. Jay. „Du hättest sehen sollen, wie sie damals, nach dem Krieg, im Morgengrauen die Kohlenwaggons ausräumten! Abends tanzten sie dann in der Offiziersmesse Rumba und tranken Tee mit Gin, und es war ihnen keine Müdigkeit anzusehen."

„Hoffentlich nicht mit dir."

„Ich habe nur zugeschaut", log Mr. Jay. „Du kennst mich!"

„Eben", sagte Mrs. Jay, „und eben das macht mich so besorgt!" Sie wandte sich mir zu. „Im Ernst, Jane, Sie haben aus Mrs. Kempster einen anderen Menschen gemacht. Nein, keinen anderen. Sie haben die frühere Mrs. Kempster wieder vorgelockt. Der alte Herr sieht von Tag zu Tag glücklicher aus."

Ich fühlte mich herrlich! Ich brauchte in meinen Briefen nach Hause nicht mehr zu schwindeln. Meine Begeisterung war echt. Noch immer besorgte ich allein die Küche, aber ich brauchte keine grobe Arbeit mehr zu tun. Morgens nach dem Frühstück wusch ich das Geschirr ab und machte die Betten. Dann setzte ich mich an den Schreibtisch im Herrenzimmer, blätterte die Tageszeitungen und die Country-Ausgaben nach interessanten Grundstücks- und Immobilienangeboten durch, fuhr mit Mrs. Kempster zum Einkaufen nach Dorking oder vertrieb mir in Mrs. Jays Küche die Zeit bis zum Lunch. Nach dem Tee half ich Mrs. Kempster beim Rosenbeschneiden im Park, oder sie kam mit mir in die Küche, um mir beim Vorbereiten des Dinners zuzusehen. „Das ist eine gute Gelegenheit, die Arbeit des nächsten Tages durchzusprechen", sagte sie, meinte aber in Wirklichkeit „eine gute Gelegenheit zum Plaudern", denn sie unterhielt sich gern mit mir. Zum Dinner gab es jetzt oft deutsche Gerichte. Manchmal nahmen sie mich mit nach London und aßen mit mir in einem Londoner Klub. Ein andermal fuhr Mrs. Kempster mit mir im Wagen spazieren und zeigte mir die kleinen, verschlafenen Fischerdörfer entlang der Küste, wo das Meer sich an hohen Felsen bricht. An einem besonders schönen Wochenende luden sie mich zu einem Ausflug auf die Insel Man ein. An einem anderen verbrachten wir einen Nachmittag auf der Strandpromenade von Brighton und den Abend in einer exklusiven internationalen Bar, in der man essen, trinken und tanzen konnte und wo alles sehr vornehm und teuer war. Meine englischen Sprachkenntnisse gediehen prächtig. Ich sprach Englisch jetzt nahezu ohne Akzent.

„Doch mit des Geschickes Mächten ..."

Ich hatte schon öfters die Erfahrung gemacht, daß der Wandel vom Guten zum Schlechten sich viel schneller und plötzlicher vollzieht als umgekehrt. Ist man in einem persönlichen Tief – sei es seelischer, gesundheitlicher oder finanzieller Art –, so habe ich noch nie erlebt, daß ein unvorhergesehenes Ereignis die bestehende Situation schlagartig und grundlegend ändert. Immer geht es langsam bergauf.

Sobald man aber auf einer Glückswolke schwebt, kann man sicher sein, sich von heute auf morgen in einer Pechsträhne wiederzufinden.

Mein Unglücksbote war der Briefträger. An einem klaren, kalten Wintertag brachte er einen Brief aus Kanada. Wir bekamen zu Weihnachten Besuch! Ein blondlockiges, engelgesichtiges Zwillingspärchen, das mit der urigen Gewalt eines Dammbruches über meine glückliche Zufriedenheit hereinbrechen sollte. Frohe Weihnachten! Und – der Himmel stehe uns bei!

Es war zehn Tage vor Weihnachten, als ich, aus Dorking kommend, auf dem Weg in mein Zimmer Mr. Kempsters Staatskarosse, so nannte ich den Mercedes, der nur zu hochoffiziellen

Anlässen gefahren wurde, vor der Villa stehen sah. Voll böser Ahnung ging ich am Eingang vorbei über den Parkweg dem Haupthaus zu. Der Mercedes konnte nur eine Bedeutung haben: Mr. Kempsters Sohn George war eingetroffen! Es war mein freier Tag, und niemand hätte es mir übelnehmen können, wenn ich unsichtbar geblieben wäre. Aber ich brachte es nicht über mich, Mrs. Kempster in dieser Situation allein zu lassen. Sie hatte dem Besuch mit Unbehagen entgegengesehen. Wir hatten George erst zum Wochenende erwartet. Die Zimmer waren noch nicht gerichtet. Die Putzfrau kam erst morgen.

Tief in diesen Gedanken prallte ich mit einem jungen Mann zusammen, der um die Buchsbaumhecke hinter der Garage bog. „Verdammt!“ sagte ich. Er war mir auf den Fuß getreten.

„Vergebung“, sagte der junge Mann. Er blieb vor mir stehen und musterte mich amüsiert von Kopf bis Fuß.

Ich kann unverschämte junge Männer nicht leiden. Besonders dann nicht, wenn sie mich an meinen Bruder erinnern oder an die arrogante Überlegenheit eines gewissen Ralf. Sie haben eine Art einen anzusehen, die jedem Mädchen Zornesröte ins Gesicht treiben kann. Er trug zwar keine langen Haare, sah aber so aus, als ob er lange Haare tragen könnte, und das war mir nicht weniger unsympathisch. Meine Stiefelhosen boten nur unzureichenden Schutz vor seinen Blicken. Sie saßen ein bißchen stramm. Jedenfalls hätte ich mich im Bikini nicht nackter fühlen können als unter seinem Blick.

„Können Sie nicht aufpassen?“ fauchte ich. „Bitte, lassen Sie mich vorbei!“

„Das möchte ich ja gern“, behauptete er, „aber Sie zappeln von einer Seite auf die andere! Wie wäre es Ihnen denn angenehm, links oder rechts? Vielleicht entscheiden Sie sich.“

Empört schickte ich mich an, mich durch das Gestrüpp der Hecke zu zwängen, nicht ohne eine knallharte Antwort, versteht sich, als es auf der Veranda laut wurde. Heftige Stimmen erschallten. Glas klirrte. Türen wurden zugeschlagen. Mr. Timo kläffte. Zorniges Kleinkindergeschrei erklang von der Veranda her, das eine hysterische Frauenstimme, Ruhe heischend, zu übertönen suchte. Wie von einem Scheinwerfer geblendet, blieb ich stehen und schloß die Augen. Als ich sie wieder öffnete, fand mein Groll einen Ableiter in dem jungen Mann. „Sie!“ zischte ich. „Sie sind ja immer noch da! Was starren Sie mich so an? Noch nie ein Mädchen gesehen?“

„Nicht in dieser Verpackung!“ feixte er, mich von oben herunter betrachtend. Er war mindestens einszweiundachtzig groß.

„Hoffentlich gefällt sie Ihnen!“ sagte ich bissig.

„Hm –“, machte er, „nicht übel, wenn man von kleinen Schönheitsfehlern absieht!“

„Sie sehen schließlich auch nicht gerade aus, als gewännen Sie eine Schönheitskonkurrenz! Was stehen Sie überhaupt hier herum?“

„Weil ich hierher gehöre!“ sagte er zu meiner Überraschung. „Und Sie?“

„Ich auch! Aber . . .“

„Oh! Mögen Sie kleine Kinder?“ fragte er interessiert.

„Ich hasse sie!“

„Die unschuldigen Kleinen?“

„Die auch!“ sagte ich beziehungsvoll.

„Dann sollten Sie schleunigst umkehren“, sagte der junge Mann grinsend. „Dort sind nämlich zwei!“

„Kann ich nicht!“ bellte ich wütend zurück. „Ich sage Ihnen doch, ich gehöre hierher! Ist jemand schon einmal auf den Gedanken gekommen, die Gören zu verhauen?“

„Ich fürchte, nein.“

„Dann werde ich es wohl tun müssen“, sagte ich gedankenverloren.

„Ich glaube wirklich, Sie würden!“

„Sind Sie der Vater?“

Um seine Mundwinkel zuckte es amüsiert. „Ich bin der Sohn! Vom Verwalter!“

„Oh“, rief ich überrascht, faßte mich aber und sagte kühl: „Hallo, Mr. Jay!“

„Hallo! Ich heiße Andrew, Andy für meine Freunde! Wie sind Sie denn hierher gekommen?"
„Über Ostende", sagte ich schnippisch.
„Dann sind Sie die Jane?"
„Genau! Woher wissen Sie das? Kann man das sehen?"
„Vaters Augenstern? Und ob! Nein, sehen kann man das nicht. Mein Vater scheint Sie ein bißchen zu glorifizieren. Deutschen Mädchen gegenüber muß er etwas voreingenommen sein. Vermutlich gehören die Begegnungen in Deutschland zu den angenehmsten Erfahrungen seines Lebens. Anders kann ich mir seine Schwärmerei nicht erklären."
„Ihr Typ bin ich wohl nicht?"
„Hm." Er runzelte nachdenklich die Stirn. „Wenn Sie die rauhe Schale abwerfen, vielleicht!"
„Ich kann auf Ihre Sympathie verzichten", konterte ich wütend.
„Das glaube ich Ihnen nicht!" Er trat einen Schritt näher an mich heran und senkte die Stimme. „Warten Sie, bis Sie meine geheimen Vorzüge entdeckt haben!"
„Und was ist dann?"
Er richtete sich auf, betrachtete mich grinsend und schüttelte sorgenvoll den Kopf. „Nicht so stürmisch, junge Dame! Für eine Lady ziemt es sich nicht, einem fremden jungen Mann so offenes Interesse zu zeigen, wissen Sie das nicht?"
Er war der gleiche Spötter wie sein Vater. „Kein Zweifel", sagte ich sarkastisch. „Sie sind wirklich der Sohn vom alten Mr. Jay. Aber Ihr Vater ist mir lieber! Sie sollten sich einen anderen Beruf suchen. Das, was Ihre Schulkinder von Ihnen lernen, wird sie früher oder später in Schwierigkeiten bringen."
„Unterhalten wir uns mal darüber?"
„Jane!" rief Mrs. Kempster aus dem Schlafzimmerfenster.
„Wir sehen uns später", sagte Andy. „Und ob Sie es glauben oder nicht, ich freue mich darauf! Gehen Sie jetzt lieber hinein, man wartet schon und kann Ihre Rückkehr kaum erwarten."
„Ich komme!" signalisierte ich Mrs. Kempster zurück.

„Jane!“ rief Andy hinter mir her. Ich blieb stehen. „Vergessen Sie nicht, die Kinder zu verprügeln! Das macht es uns geplagten Lehrern leichter! Eine gute Vorschule ist etwas wert, wissen Sie!“

„Flegel!“ murmelte ich wütend.

Sein Lachen folgte mir bis zur Tür.

Die „armen Kinder“ waren nicht zu sehen. Aber die Spuren, die sie hinterlassen hatten, zeigten mir deutlich, wo ich sie zu suchen hatte. Meine Küche war ein einziges Durcheinander. Die Halle sah wie ein Schlachtfeld aus. Brotkrümel und eine Schmalspur aus Milch führten durch den Salon zur Terrasse und über Glasscherben zurück die Treppe hinauf. Die Tür zum Badezimmer stand offen. Im Bad drängten sich vier Personen vor der Wanne und sahen hilflos zu, wie ein kleiner, blondlockiger Engel „Seegang“ spielte. Der Sturm hatte gerade Windstärke zwölf.

„Da sind Sie ja! Endlich, Jane!“ stöhnte Mrs. Kempster bei meinem Anblick. „Wir müssen Anne suchen, sie ist im Park! Holen Sie sie, bitte Jane! Hoffentlich finden Sie sie! Das ist Mr. Kempsters Sohn, George. Die Erzieherin der Kinder, Miß Frances. Unsere deutsche Hilfe, Miß Jane.“

„How do you do?“

„Hallo, Jane.“

„Hallo, Miß Frances. Guten Tag, Mr. Kempster.“

Wir sprachen alle gleichzeitig, machten wie auf ein Kommando die gleichen Bewegungen, während die Atmosphäre vor Spannung knisterte und unten im Park ein kleines Mädchen sich vermutlich eine Lungenentzündung holte.

„Susan will auch sehen!“ kreischte der Wichtel in der Wanne, und eine Wasserfontäne ergoß sich über Miß Frances Kleid und Schuhe. Aber Miß Frances verlor ihre Fassung nicht. „Bitte nicht, laß das, Darling! Bitte, Susan“, flötete sie mit hochrotem Gesicht. Wenn du so weitermachst, dachte ich bei mir, landest du eines Tages mit einem Nervenzusammenbruch in einer Klinik. „So suchen Sie doch bitte das Kind!“ wendete sie sich händeringend an mich. „Sie wird sich erkälten! Es ist mir so peinlich, ich kann mir ihre Ungezogenheit gar nicht erklären, wo sie doch sonst so artig und folgsam ist. Entschuldigen Sie, Mr. Kempster", wandte sie sich an den Vater der Kinder.

„Es ist nicht Ihre Schuld, Frances. Wir sind alle etwas von der Reise verwirrt", wies George Kempster die Selbstvorwürfe der Erzieherin zurück. „Miß Jane wird sie finden, beruhigen Sie sich!"

Er war noch größer als Andy, hatte breite Schultern und ein zerknittertes Gesicht. Ein zweiter Jean-Claude Pascal. Toller Mann, dachte ich anerkennend. Ich lächelte ihm strahlend zu. Er erwiderte mein Lächeln. Ich drehte mich auf dem Absatz um, stieß Mr. Kempster beiseite und spurtete hinter Klein Anne her.

Ich war entschlossen, sie tot oder lebendig zurückzubringen.

Ich fand weder eine tote noch eine lebendige Anne. Ich forschte überall im Park nach ihr, suchte hinter den Hecken, kroch durch die Büsche, aber so laut ich auch rief, die einzige Antwort kam von einem Eichelhäher, der höhnisch krächzte. Klein Anne war wie vom Erdboden verschluckt.

Zu allem Überfluß erschien Miß Frances am Fenster. „Haben Sie Anne noch nicht gefunden? Wo steckt bloß das Kind? Anne! Anne! Komm zu Frances, Darling!" rief sie und schlug mit den Armen wie eine aufgeregte Henne. „Hoffentlich ist sie nach Kanada zurückgepilgert", murmelte ich vor mich hin. „Und nach allem, was ich bisher von euch gesehen habe, wäre es mir recht, ihr flögt gleich hinterher!"

Ich ging ins Haus, um ein Kopftuch umzubinden. Als ich gerade vor dem Spiegel stand, hörte ich seltsam verwirrende Geräusche. Sie kamen aus dem Speisezimmer und klangen wie fernes Glasglockenspiel. Verwirrt folgte ich der Musik und fand Klein Anne auf dem Teppich vor dem Buffet, in dessen untersten Fächern Mr. Kempsters Getränke aufbewahrt wurden. Die Türen standen offen, die Regale waren leer. Die grünen, gelben, himbeerroten und braunen Flakons waren um Klein Anne gruppiert. Dekorativ dazwischen verstreut lag das kostbare Tafelsilber. Mit ihm spielte das Engelgesicht „Glockenspiel".

„Hallo“, sagte ich erleichtert, „da bist du ja! Geht es dir gut?“

„Wie heißt du?“ fragte Anne. Sie wiegte sich zum Klang der Löffel-Musik rhythmisch mit dem Oberkörper hin und her.

„Ich bin Jane, und du bist die kleine Anne aus Kanada, nicht wahr? Dein Daddy sucht dich, und Miß Frances und deine Schwester Susan suchen dich auch. Möchtest du nicht sehen, wo sie sind? Susan spielt Schiffchen! Ich bringe dich zu ihr, willst du?“

„Anne hat D-d-durst!“ Das Kind schien einen Sprachfehler zu haben.

„Oh!“ sagte ich rasch. „Dann muß Anne etwas trinken!“ Ich wollte diplomatisch vorgehen. Vielleicht konnte ich sie auf diese Weise nach oben locken. Irgendwie fürchtete ich mich immer vor kleinen Kindern. Sie können so aufregend energisch sein. „Möchtest du, daß Jane dir etwas zu trinken gibt? Bitte, hör jetzt auf mit deiner Musik! Komm in die Küche. Wir holen für Anne ein großes Glas Milch!“ Während ich das sagte, stellte ich mir die Frage, warum man mit Kindern immer in dieser albernen Weise und dazu noch in der dritten Person spricht. Sie äffen diese Unsitte nach und werden später dafür belächelt und zurechtgewiesen.

Anne indes kümmerte sich nicht um meine pädagogischen Überlegungen, und mir blieb keine Zeit, dieser Frage weiter nachzugehen. Anne fuhr fort, die Flaschen mit dem Silber zu bearbeiten, aber das war es wohl nicht, was mich so schnell handeln ließ. Annes Antwort brachte Leben in mich. „Anne h-a-t schon ge-trun-ken!“ stammelte sie und deutete auf eine der Flaschen mit Benediktiner und auf eine andere, in der, wie ich wußte, ein Rest Portwein gewesen war. Jetzt war sie leer. „Hier“, lallte Anne und lächelte süß. „Anne h-at alles leerge-trun-ken!“

Bevor ich sie auffangen konnte, kippte sie um.

Dr. Edwards stellte eine leichte Alkoholvergiftung fest. Sie war nur deshalb nicht gefährlich, weil Anne kurz vorher ein kräftiges Lunch gegessen hatte. Doch Anne verbrachte die nächsten zwei Tage im Bett.

Klein Susan streifte allein durchs Haus. Zwei Tage später setzten die beiden gemeinsam ihr Zerstörungswerk fort. Miß Frances hatte die Kinder nicht in der Hand. Statt auf ihre kleinen, zunächst kindlich-harmlosen Spiele einzugehen, dressierte sie sie wie Zirkuspferde. „Tu dies nicht und laß jenes! Gib auf dein Kleid acht! Mit dem Hund darfst du nicht spielen! Bemale nicht dein Bilderbuch! Beiß nicht in die Seife! Bekritzele nicht das Toilettenpapier!" So tönte es von früh bis spät. Es war nur natürlich, daß die Kinder mit Aufsässigkeit und Trotz reagierten und entwischten, um die lästige Fessel abzuschütteln, sobald sich ihnen Gelegenheit dazu bot. Das Haus hallte wider von Ermahnungen und Tadel. Es war eine Qual, zusehen zu müssen, wie unfrei die Kinder gehalten wurden. Der Wahrheit die Ehre – ich hätte dieser piekfeinen, superschlauen Miß Frances selbst gerne die Zunge herausgestreckt. Wenn Mrs. Kempster und ich die Zwillinge im Auto mitnahmen, waren es reizende, normale Kinder, nicht besser und nicht ungezogener als alle anderen.

Sobald wir wieder zu Hause waren, änderte sich das sofort.

Miß Frances hatte eine merkwürdige Auffassung von ihrer Aufgabe als Erzieherin. Mich behandelte sie natürlich wie ein Dienstmädchen. Vielleicht rührte daher mein Widerwille gegen sie. Die Erwachsenen duldeten alles, was sie anordnete und befahl. Selbst Mrs. Kempster mußte hilflos mit ansehen, wie ihr die Leitung ihres Haushaltes von Miß Frances aus der Hand genommen wurde. Der Tagesablauf wurde ausschließlich auf die Belange der Kinder zugeschnitten.

Mr. Kempster und sein Sohn George gingen gewöhnlich frühmorgens auf die Jagd und blieben den ganzen Tag fort. Wenn sie nicht auf die Jagd gehen konnten, weil die Felder zu naß oder der Nebel zu dicht war, inspizierten sie Mr. Kempsters Verwalter. Noch nie waren diese so häufig von Mr. Kempsters Besuch geplagt gewesen wie zu dieser Zeit.

Abends hatten wir meistens Gäste. Mrs. Kempsters gesamte weibliche nahe und ferne Nachbarschaft lud sich bei uns zum

Essen ein. Noch nie hatte Mrs. Kempster so viele Freundinnen gehabt. Alle Mütter mit ihren heiratsfähigen Töchtern gaben sich bei uns ein Stelldichein. George Kempster war eine begehrte Partie. Und da die lieben Kinder abends mit rosigen Bäckchen süß in ihren Kissen schliefen, gab es nichts, was die Damen von ihren Plänen hätte abbringen können. Jede hoffte, bald die zweite Mrs. Kempster junior zu sein.

Wie George Kempster darüber dachte, ergründete ich nicht. Er war immer gleich charmant und liebenswürdig. Seine Freundlichkeit machte keinen Unterschied zwischen den Begüterten und den Töchtern der weniger Bemittelten, nicht zwischen den unscheinbaren und den reizvollen Mädchen und der kleinen Hausangestellten Jane. Wie weit er dabei den Gedanken an eine zweite Heirat einschloß, wußte ich nicht. Meiner Glückwünsche konnte er sicher sein. Darüber hinaus war ich entschlossen, alles in meinen Kräften Stehende zu tun, um ihm den Aufenthalt auf Beechwood so angenehm wie möglich zu machen.

So kam der Heilige Abend heran.

Ein Weihnachtsfest ohne Tannenbaum – aber Jane ist nicht allein

Der Tag vor dem Heiligen Abend stand unter keinem guten Stern. Zunächst fiel Susan die Treppe hinunter, verstauchte sich den Fuß und mußte zum Arzt gebracht werden. Darüber regte Mrs. Kempster sich so auf, daß sie einen schweren Migräneanfall bekam. Dann sagte die Putzfrau ab, weil sie überraschend zu ihrer Mutter nach Wales reisen mußte. Mr. Kempster war zu einer Konferenz nach London gefahren. Anne langweilte sich ohne Susan und lief von einem Zimmer ins andere. Mr. Kempster junior hatte einmal Susan auf dem Arm, die nicht im Bett bleiben wollte, dann lief er hinter Anne her. Ich war einmal damit beschäftigt, Eisbeutel für Susans Fuß, dann gegen Mrs. Kempsters Migräne anzufertigen, während Miß Frances wie ein kopfloses Huhn von einer sinnlosen Tätigkeit zur anderen flatterte. Und für den Abend erwarteten wir Geschäftsfreunde von Mr. Kempster mit ihren Damen zum Essen. Es war eine halb geschäftliche Dinnerparty, von der Mr. Kempster sich einiges erhoffte. Ich hatte gute Gründe, dem Weihnachtsfest mit Bangen entgegenzusehen.

Mein Zimmer hatte ich in der letzten Woche nur noch nachts betreten. Morgens war ich mit dem ersten Hahnenschrei auf den Beinen, abends kam ich nicht vor elf Uhr ins Bett. Mrs. Jay bekam ich in der ganzen Zeit nicht zu sehen. Einmal hatte sie mir einen Strauß Chrysanthemen, der Himmel mochte wissen, woher sie die hatte, auf meinen Tisch gestellt. Ich mußte darüber vor Rührung weinen. Vielleicht war es auch nur die Folge meiner großen Erschöpfung. Ich hatte in diesen Tagen ziemlich nahe „ans Wasser gebaut". Mehr als alles andere vermißte ich die vorweihnachtliche Atmosphäre, die bei uns zu Hause die trüben, winterlichen Tage erhellte. Ich sehnte mich nach dem Duft von Tannenzweigen in großen Vasen, den flackernden Kerzen, dem Adventskranz an der Decke, dem Duft von Spekulatius und Weihnachtsstollen, den Fernsehdiskussionen und den Leseabenden und nach all den kleinen, geheimnisvollen Vorbereitungen, die verbunden waren mit der bangen Frage: Habe ich meine Wahl gut getroffen und sind meine Weihnachtsgeschenke gut versteckt?

Hier erinnerte mich nichts an Weihnachten. Nichts außer dem Plumpudding, der einige Tage vor dem Fest gekocht worden war, um bis Weihnachten zu lagern. Die Tanne stand noch im Park. Sie wurde erst am Heiligen Abend geschlagen. Die Weihnachtskarten waren bereits mit Adressen versehen angeliefert worden. Daheim pflegten wir sie selbst anzufertigen, mit buntem Papier zu bekleben oder zu bemalen. Hier blieb nichts zu tun für das Fest.

Ich hatte mir vorgenommen, wenigstens ein paar Zimtsterne und Zuckerkringel, mit denen ich den Tannenbaum für die Kinder schmücken wollte, selbst zu backen. Aber nun war schon der Tag vor dem Heiligen Abend herangekommen, und die Zimtsterne und Zuckerkringel existierten nur zwischen den Seiten meines Kochbuches.

Jeder normale Mensch hätte unter diesen Umständen die Absicht aufgegeben. Doch nicht Jane! Eigensinnig, wie ich war, bestand ich ausgerechnet am Mittag dieses Unglückstages darauf, mit meiner verspäteten Weihnachtsbäckerei zu beginnen. Ich hatte mir alles so wunderschön ausgemalt. Gemeinsam mit den Kindern wollte ich Weihnachtsengel spielen, so wie meine Mutter es mit uns Kindern getan hatte. Ich wollte ihnen weiße Schürzchen umbinden, jeder einen kleinen Berg Kuchenteig zum Ausstechen geben und ihnen von der Geburt in Bethlehem berichten, der wir am Weihnachtsfest gedenken, und alle Menschen der Welt in den Wunsch nach Frieden und Glück einbeziehen.

Ich setzte die kranke Susan in den Liegestuhl, damit sie uns zusehen konnte. Anne wurde zu meiner Gehilfin ernannt. Sie war die lebhaftere der beiden, deshalb am meisten gerügt und jetzt unendlich stolz über die Auszeichnung, mir beim Plätzchenbacken zur Hand gehen zu dürfen.

Sie tat es mit Hingabe und ohne jegliches Geschick. Zunächst mußte jeder ihr Kopftuch bewundern, Oma Kempster selbstverständlich auch, wozu sie mit flatternden Schürzenzipfeln und bemehlten Händen die Treppe hinaufstolperte, die sie zurück, vermutlich an Susans Mißgeschick sich erinnernd, auf Händen und Füßen bewältigte. Ihre Spuren prägten sich dem Teppich ein. Leider brachte das Miß Frances gegen uns auf, obwohl sie das eigentlich gar nichts anging, schließlich mußte ja ich die Spuren beseitigen. Miß Frances hielt mir einen langen Vortrag und versprach Anne eine empfindliche Bestrafung.

Ich schluckte meinen Ärger hinunter. Dann legten wir endlich los. Als erstes entstanden Monde und Sterne. Die Monde wurden von Anne hergestellt, die in Ermangelung anderer Geräte für diesen Zweck ein leeres Wasserglas erhielt. Als Susan das sah, erhob sie ein mörderisches Geschrei. Also bekam auch sie eine Schürze vorgebunden, und wir setzten sie auf einen Stuhl an den Tisch. Sie durfte Rosinen mit Mehl vermischen. Sie wollte Halbmonde fabrizieren und biß ihre Schwester Anne, die ihr Glas nicht hergeben wollte, in den Arm. Anne besann sich nicht lange, zielte, und warf das Wasserglas nach ihr. Es traf Miß Frances, die Posten am Küchenschrank bezogen hatte, weil sie die Kinder beaufsichtigen zu müssen glaubte. Nach diesem Volltreffer schüttelte sie sich, atmete tief auf und kam zu uns an den Tisch. Bevor sie jedoch eingreifen konnte, gab ich Anne einen Klaps und berücksichtigte auch Susan. Wieder erhob sich mörderisches Geschrei. Es kam von Miß Frances. Die Kinder rührten sich nicht. „Nein, o nein! Wie können Sie es wagen, die Kinder zu schlagen! Ich verbiete Ihnen, sie anzurühren, sie sind es nicht gewohnt, es wird ihnen schaden!" schrie die Erzieherin außer sich und rieb das langsam sich rötende Kinn.

„Das denken Sie! Sehen Sie sie doch an!" rief ich wütend. „Sie haben diese Strafe verdient, und das wissen sie!" Ruhiger geworden, fügte ich hinzu: „Wir sollten vor den Kindern nicht darüber sprechen!"

Aber Miß Frances wollte nicht einlenken. „Das könnte Ihnen so passen, Sie unglaubliche Person!" schrie sie, daß es durch das ganze Haus schallte. „Susan, Darling, armes Kleines! Hat die böse Jane dir weh getan? Das Kind wußte nicht, was es tat, es ist doch krank!"

„Nicht am Kopf und nicht an dieser Stelle!" sagte ich wütend.

„Ich werde Mr. Kempster darüber berichten!" fauchte Miß Frances.

„Tun Sie das! Und nun verschwinden Sie bitte! Dies hier ist mein Reich, Sie haben in der Küche nichts zu suchen!" forderte ich energisch.

Doch Miß Frances ging nicht. Sie bestand darauf, die Kinder vor meinen Zugriffen zu beschützen und ihnen beim Kneten zu helfen. Die Kinder wollten sich weder beschützen noch von Miß

Frances helfen lassen. Sie reagierten auf die Einmischung ihrer Erzieherin, wie Kinder darauf zu reagieren pflegen – sie bombardierten Miß Frances mit Nußschalen, Rosinen, Zucker und Mehl. Schließlich mußte die Sitzung abgebrochen werden. Miß Frances schickte Anne hinauf ins Bad, damit sie sich wasche, nahm Susan auf den Arm und marschierte hinterher.

Sie hätte sich mehr beeilen sollen. Anne, entschlossen, sich an der Erzieherin für das entgangene Vergnügen zu rächen, entwischte in den Park und kam mit einer Schubkarrenladung Sand und Kieselsteinen in die Halle zurück, wo Miß Frances' Überschuhe standen.

Sie leerte die Ladung teils in die Überschuhe, verlor einen Teil auf dem Teppich, den Rest kippte sie vor die Eingangstür.

Miß Frances kam noch einmal in die Küche zurück. Just in diesem Augenblick war ihr nichts Besseres eingefallen, als mich um ein Glas Milch zur Stärkung ihrer Nerven zu bitten. Über meinen Backrezepten schwitzend, deutete ich mit einer Kopfbewegung zum Kühlschrank hin. Nichts rührte sich. Eisiges Schweigen.

Als ich aufblickte sah ich ihr entrüstetes Gesicht. „Bedienen Sie sich bitte einmal selbst", sagte ich. „Und seien Sie nicht länger böse, manchmal gehen eben die Pferde mit mir durch!" Mein burschikoser Ton schockierte Miß Frances' empfindsame Erzieherinnenseele. Als sie jedoch merkte, daß ich keine Anstalten machte, die Milch für sie aus dem Kühlschrank zu holen, nahm sie mit gekränkter Miene die Flasche und stolzierte hinaus. Einen Augenblick später stürzte sie mit gellendem Schrei in die Küche zurück. Sie hatte Anne bei ihrer vorweihnachtlichen Bescherung entdeckt. „Sehen Sie sich das an!" flüsterte sie heiser. „Das ist Ihre Schuld! Nie waren die Kinder so ungezogen wie hier. Ich kenne sie nicht wieder! Das macht Ihr Einfluß!"

„Sie haben die Kinder erzogen, nicht ich, Miß Frances!" sagte ich ruhig. „Ich habe sie noch gar nicht folgsam gesehen! Und ich könnte Ihnen auch sagen, woran das liegt! Jetzt nehmen Sie Anne und gehen Sie bitte!"

Als sie Anne am Arm packte, legte die Kleine wie eine Heulboje los. „Anne will bei Jane bleiben! Anne will nicht rauf!"

Kein Wunder, daß George Kempster auf der Treppe erschien. Er hob Anne hoch und sagte zu mir: „Mrs. Kempster läßt fragen, ob Sie schon mit den Vorbereitungen fürs Dinner angefangen hätten. Vielleicht wäre Miß Frances so freundlich, Ihnen zu helfen."

Das Dinner! Ich hatte vergessen, die Fasane vorzubereiten! Ich wußte nicht, was ich zuerst tun sollte. Aufräumen! Saubermachen! Das war sicher das Wichtigste. Als ich damit angefangen hatte, fielen mir die Plätzchen im Backofen ein. Also rannte ich wieder in die Küche und zog das erste Backblech verkohlter Zuckerkringel aus dem Herd. Nie werde ich Miß Frances' vernichtenden Blick vergessen!

„Wollen Sie nicht hinaufgehen?" riet ich ihr. „Ich komme allein zurecht. Sie könnten einmal nach Mrs. Kempster sehen!"

Sie folgte meiner Aufforderung sofort. Anscheinend liebte sie Hausarbeit noch weniger als ich. Ich aber dachte bei mir, was für ein großer Angeber ich doch sei. Wie wollte ich in dieses Tohuwabohu jemals wieder Ordnung bringen? Bei jedem Schritt knirschte Sand unter meinen Füßen. Einer Putzkolonne hätte es bedurft, die Halle zu säubern. Ruhig, Jane! befahl ich mir. Ganz ruhig bleiben! Entschlossen krempelte ich die Ärmel hoch. Doch die Zeit drängte. Um die Verwirrung zu vervollständigen, klingelte es plötzlich am Hintereingang und einen Augenblick später an der Vordertür. Ich hatte gerade einen schönen Haufen Sand zusammengekehrt, mußte ihn aber liegenlassen. Um ihn zu verbergen, schlug ich den Teppich darüber.

Am Vordereingang stand Andrew Jay. „Hallo, Jane! Sie glühen ja! Immer fleißig!" spöttelte er. „Ist Mrs. Kempster zu sprechen?"

„Können Sie fliegen?" fragte ich verwirrt. „Sie haben doch vor einem Augenblick noch an der Hintertür geklingelt!"

„Aber, aber, Sie haben geträumt, junge Dame! War es ein schöner Traum? Ich hatte hinten geklopft, aber Sie haben mich nicht gehört.“ Er stützte sich an den Türrahmen. „Wie ist es nun, darf ich hereinkommen, oder muß ich erst wieder nach hinten gehen, damit ich die saubere Halle nicht beschmutze?“

Ich hatte Andy seit unserer ersten Begegnung nur ein- oder zweimal kurz wiedergesehen. Aber je öfter ich ihn traf, um so unsympathischer wurde er mir. Ich konnte es auf den Tod nicht leiden, wenn man mich nicht ernst nahm. „Sie können mir sagen, was Sie herführt“, bemerkte ich kühl. „Mrs. Kempster ist nicht zu sprechen, sie hat Migräne.“

„Meine Mutter läßt fragen, ob etwas in Dorking zu besorgen sei. Wir fahren am Nachmittag in die Stadt. Wollen Sie das bitte Mrs. Kempster ausrichten? Ich warte solange. Darf ich jetzt hinein?“

Ich blockierte den Eingang. „Warten Sie bitte hier!“

„Vor dem Haus? Das ist doch nicht Ihr Ernst, Jane! Übrigens möchte ich mich gern einmal mit Ihnen unterhalten. Seit Tagen warte ich auf eine Gelegenheit, und jetzt weisen Sie mir die Tür! Warum weichen Sie mir aus?“ Er hob mich hoch, setzte mich wie eine Puppe zur Seite, drückte sich an mir vorbei, machte einen langen Schritt in die Halle – und stolperte über den erhöhten Teppich. Er setzte sich hin.

„Na, so was!“ sagte er. Sein Gesicht drückte eine ganze Skala von Empfindungen aus. Unter anderen Umständen wäre ich laut herausgeprustet. Da ich aber wenig Grund zum Lachen hatte, sah ich mindestens genauso betreten drein wie er. Wir starrten beide auf den Teppichwulst.

Andy fing sich als erster. Er stand auf, bückte sich und blickte unter den Teppich. Er sah mich an, grinste und ging wortlos durch die Halle in die Küche und durch den Hintereingang in den Park hinaus, wo Ingrid Sturm klingelte, um hereingelassen zu werden.

„Dich hat der Himmel geschickt! Gleich werde ich wahnsinnig!“ war alles, was ich zwischen Lachen und Weinen hervorbringen konnte.

„Das scheint mir auch, dazu hast du auch allen Grund“,

knurrte Ingrid mit einem Blick auf die Bescherung in Küche und Halle. „Aber der Himmel war es nicht! Es war Mrs. Kempster, die um meinen Beistand telefonierte. Zur rechten Zeit, wie mir scheint! Was ist passiert?“

Ich ließ mich wortlos in einen Sessel fallen.

„Na schön! – Und wer war der Superboy, der mich hereinließ? So etwas unterschlägst du mir! Das finde ich gar nicht nett! Kein Wort hast du mir bisher von ihm erzählt! Wo hast du ihn kennengelernt? Mensch, Jane, den brauchst du doch nicht zu verstecken! Komm zu dir, Mädchen! Habt ihr euch gestritten? Oder hast du Angst, er könnte sich in mich verlieben? Ha – ha!“

„Andy?“ sagte ich gequält. „Ich schenke ihn dir!“

Sie verdrehte schmachtend die Augen. „Wie der aussieht! Ganz mein Fall! Paß auf, daß ich dich nicht beim Wort nehme, dann tut es dir leid!“

„Kannst du getrost!“

„Also doch eifersüchtig!“

„Red nicht so blöd“, sagte ich. „Hilf mir lieber!“ Wenn sie es verlangt hätte, hätte ich ihr auch noch Mr. George Kempster dazugegeben. Vor lauter Freude, sie hier zu haben, war es mir beinahe egal, was Andy jetzt von mir dachte. „Jeder blamiert sich, so gut er kann“, pflegte unser Deutschlehrer zu sagen. In meinem Fall konnte es besser nicht gehen.

Ingrid war eine perfekte Hilfe. Wenn sie loslegte, schaffte sie in einem halben Nachmittag mehr als andere in einer Woche. Und sie war auch eine perfekte Köchin. Aber sonst schien sie einen miserablen Geschmack zu haben, denn daß sie Andy Jay für einen Superboy hielt, konnte ich beim besten Willen nicht verstehen. Ich gönnte ihn ihr, wenn ich auch fand, daß Ingrid nicht so recht zu Andy paßte.

Ich ging hinauf, um Andys Botschaft auszurichten. Aber Mrs. Kempster brauchte nichts aus Dorking, und so hatte ich keine Gelegenheit, hinüberzugehen.

Am Abend dieses denkwürdigen Tages stand eine kunstvoll gesteckte Weihnachtsschale mit einem Miniatur-Tannenbäumchen, rauhreifüberzogen, mit winzigen Glöckchen und Weihnachtskerzen verziert, auf dem Tisch meines Zimmers. Wie aufmerksam von der lieben Mrs. Jay, dachte ich gerührt. Sicher hat Andy mich verpetzt, und jetzt will seine Mutter mich trösten. Doch als ich in die Küche kam, um mich bei ihr zu bedanken, saß Andy, unverschämter grinsend denn je, bei ihr am Tisch.

Mein Dank blieb mir im Halse stecken. Ich sagte nur: „Hallo, Mrs. Jay! Ich wollte Ihnen gute Nacht sagen, ich habe im Hinaufgehen Ihre Stimme gehört."

„Das ist fein, Jane! Kennen Sie meinen Sohn Andy?" sagte Mrs. Jay. „Sie sind arg geplagt drüben, das tut mir leid für Sie! Wenn ich Ihnen einmal helfen soll, lassen Sie es mich bitte wissen. Wir haben über die Feiertage nicht sehr viel zu tun. Wollen Sie sich nicht zu uns setzen?"

Ich zögerte. Doch als Andy aufsprang, um einen Stuhl für mich zu holen, lehnte ich ab. „Lieber nicht, Mrs. Jay! Gute Nacht. Und vielen Dank, Mrs. Jay!" sagte ich stur. Hölzern und stumm wie ein Roboter drehte ich mich um. Aber im Hinausgehen tat es mir leid, nicht geblieben zu sein. Und ich fragte mich warum.

„... außerdem ist es mir ein Bedürfnis, Ihnen einmal für die Mühe zu danken, die Sie sich mit meinen Mädels gaben. Was wären wir hier ohne Sie, Jane! Unser Besuch wäre vermutlich ganz anders verlaufen, hätten wir nicht Ihre freundliche Hilfe vorgefunden. Meine Kinder werden Sie vermissen. Ohne Sie werden sie sehr unglücklich sein, wenn wir wieder zu Hause in Montreal sind! Ich bitte Sie daher, meinen Vorschlag in Ruhe zu überdenken. Entscheiden Sie sich nicht gleich. Ich versichere Ihnen, Sie sind die geborene Erzieherin!"

Mr. George Kempster hatte mich zu einer Unterredung in den Salon gebeten. Es war am Nachmittag des Heiligen Abends. Wir hatten in der Halle den Weihnachtsbaum geschmückt, der auch ohne Zuckerkringel und Zimtsterne schön war. Mrs. Kempster hatte den Baum auf altenglische Art geschmückt, mit Nüssen,

Äpfeln, Lebkuchenherzen, vielen Pralinen und Bonbons. Dazwischen waren Päckchen mit kleinen Gaben für uns alle verteilt. Die Bescherung würde am nächsten Morgen stattfinden, das Weihnachtsdinner am Mittag. Am Nachmittag und Abend des Weihnachtsfestes hatte ich frei.

„Morgen werde ich keine Gelegenheit mehr haben, mit Ihnen zu sprechen“, hatte er gesagt. „Kommen Sie bitte einen Augenblick mit nach nebenan, dort sind wir ungestört.“

Ich war ihm mit Bangen gefolgt, hatte meiner eigenwilligen Erziehungsmethoden wegen Vorwürfe erwartet. Auf dieses Angebot war ich nicht gefaßt. Alle Menschen schienen mich ganz anders zu sehen als ich selbst. Die geborene Erzieherin!

Erst hatte Mrs. Kempster mich an die Enkelkinder ihrer Freundin, Mrs. Parker, empfohlen, jetzt trug George Kempster mir eine noch größere Verantwortung an. Und jeder schien davon überzeugt zu sein, daß ich meine Aufgabe meisterte. Jeder, nur ich selbst nicht.

Eine Reise nach Kanada konnte mich schon locken. „Was würde Miß Frances dazu sagen?“ fragte ich betreten. „Würde sie es nicht als Einmischung empfinden? Sie hat eine wesentlich andere Einstellung zu Kindern, wissen Sie!“

„Das ist mit ein Grund, weshalb ich Ihnen die Erziehung der Kinder übertragen möchte“, sagte George Kempster. Seine zerfurchte Stirn bekam noch mehr Falten. „Ich kann mich nicht so um die Kinder kümmern, wie ich möchte. Ich bin oft draußen in den Sägewerken und Holzfällerlagern. Die Kinder sind meist mit der Erzieherin allein. Manchmal wohnt eine Freundin meiner Frau bei uns draußen. Unser Haus steht am Rand der Stadt. Aber Helen kann nicht immer bleiben, noch nicht. Sie führt einen Modesalon und hatte bisher andere Pläne. Vielleicht kann ich sie eines Tages zum Bleiben überreden, bisher habe ich es auch noch nicht ernsthaft genug versucht. Ich erzähle Ihnen das, damit Sie sich eine Vorstellung von dem Leben machen können, das Sie bei uns erwartet. Wir haben ein großes Haus, auch ein Schwimmbad. Keinen Park. Aber einen großen Garten. Miß Frances wird ohnehin nur bis zum Frühjahr bleiben. Sie ist eigentlich ausgebildete Säuglingsschwester, nicht Erzieherin. Ich war ihr dankbar, daß sie blieb, als meine Frau von uns ging. Meine Frau verunglückte. Ich nehme an, daß Sie das wissen."

„Ja. Es tut mir sehr leid, Sir", murmelte ich.

Mr. Kempster verbeugte sich. Er wirkte ernst, und zum erstenmal erkannte ich eine gewisse Ähnlichkeit mit seinem Vater. Sein Gesicht hatte genau den gleichen traurigen Ausdruck. „Es gibt Wunden, die nicht verheilen", sagte er steif. „Man muß versuchen, mit ihnen zu leben. Um der Mädels willen zwinge ich mich dazu. Ich habe auch eine Verpflichtung meiner Frau gegenüber. Sie war ein sehr lebensfroher Mensch. Es würde sie sehr grämen, wollte ich meiner Trauer wegen die Mädels um ihre Kindheit im Elternhaus bringen. Kinder vergessen rasch. Sie wollen leben, sich freuen. Sie können nicht begreifen, daß sich in einem einzigen Augenblick unsere kleine, persönliche Welt, in der wir leben, verändern kann. Sie wollen Eltern haben, die immer für sie da sind. Nehmen Sie beispielsweise Kinder aus einem Waisenhaus. Es ist ihnen gleich, wohin sie kommen, wer ihre Eltern waren und wer ihre neuen Eltern sind. Wenn sie nur glücklich und geborgen sein können, herausgehoben werden aus der Anonymität der Masse – das ist es, wonach sie verlangen. Ihre Dankbarkeit ist grenzenlos, wenn sie das für sie richtige Elternhaus finden. Wollen Sie es sich überlegen, Jane?"

„Ja, gewiß, Sir", versprach ich ihm. „Bis zum Frühjahr bin ich aber noch bei Mrs. Kempster verpflichtet. Und dann müßte ich auch meine Eltern um Erlaubnis fragen."

„Natürlich, das ist selbstverständlich. Um Mrs. Kempster brauchten Sie sich nicht zu sorgen, das würde ich für Sie regeln. Unser Rückflug ist für den dritten Januar vorgesehen. Glauben Sie, daß Sie bis dahin das Einverständnis Ihrer Eltern erhalten könnten?"

„Ich denke doch, Sir. Gewiß", sagte ich. Aber ich war dessen nicht so sicher. Mein Vater würde eher meine sofortige Heimkehr anordnen. Aber wollte ich denn wirklich nach Kanada? Wie dem auch war und wie immer meine Entscheidung und die meiner Eltern ausfallen würde, ich konnte unmöglich einen Tag vor Weihnachten Mr. Kempster eine Enttäuschung bereiten. Es wird sich alles ordnen, dachte ich mir.

Mein Heimweh war an diesem Tage mörderisch.

Aber der Nachmittag hielt noch eine andere Überraschung für mich bereit. Das Weihnachtspaket meiner Eltern hatte ich bereits am Morgen erhalten. Es stand in meinem Zimmer. Ich hatte nicht gewagt, es auszupacken. Die Tränen behielt ich mir für die Stille der Nacht vor.

Um so überraschter war ich, als Mrs. Kempster mich mit der Mitteilung, es sei Post für mich da, zur Haustür rief. Ein Telegramm war für mich angekommen. Alle meine Freundinnen, die ganze Bande, selbst die, die ich nie für meine Freunde hielt, hatten mir ein buntes Grußtelegramm geschickt. Alle wünschten mir „Fröhliche Weihnachten".

Nun flossen die Tränen doch.

Und als es Abend war, die Zeit, wo zu Hause von allen Türmen die Glocken läuteten und mein Vater die Kerzen am Weihnachtsbaum anzündete und mit meiner Mutter und meinem Bruder „Stille Nacht, heilige Nacht" sang, brachte ein Bote einen Blumenstrauß. Zwölf dunkelrote Nelken. Blumengrüße aus Deutschland mit einer Karte, auf der stand: „Meiner geliebten Jane von Ralf."

Die Wunde brach wieder auf und schmerzte. Ich hatte ihn vergessen geglaubt. Nun war alles wieder greifbar nahe, das Schöne und das Häßliche. Man soll am Heiligen Abend keine Narben aufreißen, nicht einmal in guter Absicht. Sie bluten heftiger als frische Wunden. Es hatte einen Tag gegeben, da ich am Leben verzweifelte. Nie wieder wirst du so getroffen werden können. Nie wieder so verzweifelt sein. So allein und so einsam. Das war mir damals gewiß. Ich hatte mich getäuscht. An diesem Abend wußte ich, daß es noch nie so schlimm gewesen war. Und doch bedeutete er mir nichts mehr. Es waren die Erinnerungen, die schmerzten. Das Wissen um die Demütigungen, die Eifersucht, das lange vergebliche Warten. Die grenzenlose Verzweiflung und Einsamkeit.

Ich nahm die Blumen und ging mit ihnen zu Mrs. Jay. Sie zögerte, und es sah aus, als wolle sie sie nicht haben. „Bitte, Mrs. Jay“, flehte ich. „Nehmen Sie die Nelken! Ich will sie nicht behalten. Sie sollen kein Ersatz für die Blumen sein, die Sie mir schenkten. Für die Blumen in meinem Zimmer möchte ich mich auf andere Weise bei Ihnen bedanken!“

„Welche Blumen? Ich habe keine Blumen in Ihr Zimmer gestellt, Jane“, sagte Mrs. Jay betroffen.

„Nein? Wer war es denn, Mrs. Jay?“

„Ich weiß es nicht!“ Mrs. Jay wurde plötzlich seltsam verlegen.

„Es waren Chrysanthemen! Entsinnen Sie sich nicht? Und dann ein kleines Tannenbäumchen in einer Schale, Mrs. Jay!“

„Vielleicht war es Andy?“ sagte Mrs. Jay zweifelnd. „Ich dachte, er bringt die Blumen an das Grab seines Freundes Billy; er verunglückte im letzten Jahr. Ich hatte keine Ahnung! Vielleicht hätte ich es Ihnen nicht verraten sollen, Jane.“

„Doch, Mrs. Jay! Aber sprechen Sie nicht weiter darüber! Auch nicht zu Andy, bitte! Bringen Sie Billy die Nelken? Bitte, Mrs. Jay!“

„Wenn Sie es wirklich wünschen, Jane.“

Ich nickte heftig.

„Kommen Sie morgen zu uns zum Tee? Bitte, hören Sie auf zu weinen! Sie sind gar nicht allein, Jane! Wir haben Sie alle sehr gern. Nicht nur an Weihnachten!“

„Jetzt weinen Sie auch, Mrs. Jay!“

„Weil alles so eine große Überraschung ist.“

Für mich auch, Mrs. Jay, dachte ich. Für mich auch.

Ein Abschied mit Tränen – wird sie Andy wiedersehen?

Mrs. Kempster schenkte mir eine Abendbluse mit Goldstickerei, Mr. George Kempster ein silbernes Parfum-Flakon und Parfum, das die beziehungsvolle Aufschrift „Je reviens“ trug. Glaubte er im Ernst, ich solle ihn nicht vergessen, oder hatte er das Parfum nur seines zarten Duftes wegen ausgewählt. Miß Frances schenkte mir ein handbesticktes Taschentuch. Ihr Geschenk brachte mich in Verlegenheit, denn ich hatte nicht an ein Geschenk für sie gedacht. Ich versuchte, es gutzumachen, indem ich ihr später ein Stück meiner Lieblingsseife aus Mutters Paket gab.

Mrs. Jay überraschte mich mit einem Füllfederhalter. Andy hatte nichts für mich in den Weihnachtsstiefel seiner Mutter gelegt. Erwartet hatte ich nichts, war aber trotzdem ein bißchen enttäuscht. Ich hatte vorsichtshalber meinen kleinen silbernen Christophorus, gedacht für seinen kleinen Sportwagen, weihnachtlich verschnürt. Doch am Nachmittag drückte er mir im Vorübergehen in der Diele seiner Eltern ein Buch in die Hand. Ich legte meinen Christophorus neben seinen Teller.

„Was ist das?“ fragte er, als er das Päckchen fand. „Soviel bin ich dem Weihnachtsmann wert? Sieh an – sieh an!“ Ich konnte nicht herausfinden, ob mein Talisman ihn freute. Er schien eher verlegen zu sein. Kam mein Geschenk ihm vielleicht zu persönlich vor? „Danke für das Buch“, sagte ich.

„Weshalb?“ spöttelte er. „Hat erzieherischen Charakter! Sagen und Märchen aus Irland und Wales, damit Sie Vorlesestoff haben, wenn die lieben Kleinen wieder einmal besonders unartig sind.“

„Jane ist ein tüchtiges Mädchen! Was sie leistet, hat vor ihr keine geschafft. Sie wird mit den Kindern glänzend fertig“, sagte Mrs. Jay vorwurfsvoll.

Andy lächelte hinterhältig. „Daran zweifle ich nicht."

„Es hörte sich aber so an, Andy", sagte seine Mutter verstimmt.

Wir saßen um Mrs. Jays festlich geschmückten Wohnzimmertisch. Sie hatten mich zum High-Tea eingeladen, einer Kombination von Tee und Abendbrot. Mrs. Jay hatte sich sehr viel Mühe gegeben und nicht geduldet, daß ich ihr half. Es gab Obstsalat und kalten Braten, gebackenen Schinken und Geflügelsalat, Mixed Pickles und grüne Stangen Sellerie, Radieschen, verschiedene kalte Soßen und Toast, Wein, Liköre, kleine Törtchen, Sahne und Kaffee. Neben jedem Teller brannte eine Kerze. Mächtige Holzscheite flammten im Kamin und beleuchteten die Weihnachtskarten, die unter der Decke baumelten. In England legt man die Kartengrüße, die man erhält, nicht in irgendeinen versteckten Winkel. Man stellt sie an gut sichtbarem Platz auf oder reiht sie auf eine Schnur, die man quer durchs Zimmer spannt. Denn in England dokumentiert die Anzahl der erhaltenen Festtagskarten den Grad der Beliebtheit bei Freunden und Bekannten. Deshalb ist man sehr eifrig mit dem Versenden guter Wünsche. Sie flattern auf bedrucktem Büttenpapier und Karton, mit Motiven aus Märchen und der christlichen Weihnachtsgeschichte, ins Haus. Der Widerschein des Feuers warf ihre Schatten an die Wand. Es war warm, dämmerig und hell zugleich. Das alte Farmhaus hatte keine Fensterläden. Man konnte sitzen und die Nacht hereinbrechen sehen.

„Die Kinder sind gar nicht so schlimm", sagte ich. „Man muß sie nur zu nehmen wissen."

„Und Sie wissen das!"

„Ich hoffe."

„Mit Prügelstrafe und so? Das ist in England Staatsverbrechen Nummer eins!"

„Ein paar Klapse zur rechten Zeit haben noch nie jemandem geschadet", mischte sich Mrs. Jay ein. „Wo wäre ich geblieben, wenn dein Vater dir nicht manchmal eins hinten drauf gegeben hätte."

Andy wurde rot. „Entschuldige, wenn ich das sage, Mutter, es war trotzdem falsch! Wir jungen Pädagogen erziehen ohne Schläge. Wir versuchen, den Kindern begreiflich zu machen, daß wir keine Respektpersonen, sondern ihre Freunde sind, die ihnen mit ihrem Rat und ihrer Lebenserfahrung zur Verfügung stehen. Und Freunde prügeln nicht."

„Dann wartet nur ab, wohin ihr damit kommt", sagte Mr. Jay mit vergnügtem Grinsen. „Ich möchte jedenfalls in eueren Schulen nicht Lehrer sein. Was tut ihr, wenn sie euch unter keinen Umständen gehorchen? Wenn sie aufsässig sind oder ihre Schularbeiten nicht machen?"

„Dann werden sie belehrt. Im Wiederholungsfalle bekommen sie eine Strafarbeit."

„Und wenn sie die nicht machen?"

„Dann werden sie bestraft. Aber auf unsere Weise! Sie werden von einer Filmvorführung ausgeschlossen, beispielsweise, oder zum Papierauflesen eingeteilt. Es gibt Möglichkeiten genug."

Aber Mr. Jay gab sich nicht geschlagen. „Schön", sagte er und bohrte weiter. „Angenommen, da sind ein paar besonders aufsässige Burschen in einer Klasse, die sich weder von einer Strafarbeit noch von sonst etwas beeindrucken lassen. Vielleicht finden sie Filmvorführungen langweilig und haben auch nichts dagegen, vom Unterricht ausgeschlossen zu werden, um den Schulhof zu säubern. Sie stiften also weiterhin Unruhe, bringen den Unterricht durcheinander. Was unternehmt ihr dann?"

„In diesem Fall", sagt Andy mit erhobener Stimme, „erhalten die Eltern dieser Schüler eine Mitteilung. Manchmal werden sie auch vom Klassenlehrer zu einer Unterredung in die Schule bestellt."

„Und was glaubst du, werden diese Eltern mit ihren Sprößlingen tun, wenn sie nach Hause kommen?" fragte Mr. Jay triumphierend. „Sie werden zu dem bewährtesten aller Mittel greifen und ihnen tüchtig den Hintern verhauen!"

Ich verschluckte mich vor Lachreiz fast an meinem Stück Kuchen.

Andy sah aus, als würde er im nächsten Augenblick explodieren, so rot war sein Gesicht. Ich wußte nicht, wohin ich blicken sollte, um nicht laut herausplatzen zu müssen, bückte mich rasch und tat, als ob mir etwas vom Teller gefallen sei, was ich unbedingt unter dem Tisch suchen müsse. Es war mir egal, daß das gegen alle Regeln der guten Sitte verstieß.

„Verzeih, Vater", hörte ich Andy sagen. „Bei allem Respekt vor dir – das ist Wortklauberei! Du versuchst, mich mit meinen eigenen Waffen zu schlagen. Ich versichere dir, erfahrenere Pädagogen als ich und berühmte Psychologen haben sich mit diesen Problemen auseinandergesetzt. Ich bin sicher, sie wußten genau, was sie taten, als sie die Prügelstrafe für psychisch schädigend erklärten."

„Das hoffe ich", knurrte Mr. Jay.

„Wissen möchte ich nur eines", wandte Andy sich an mich. „Haben Sie Ihr Versprechen gehalten?"

„Und ob!" bestätigte ich.

„Im Ernst?"

„Klar! Ich habe Susan und Anne einen Klaps gegeben. Sie haben es überlebt! Das hatte allerdings mehr symbolischen Charakter, diente zur Abschreckung sozusagen, ob sie ihn spürten, bezweifle ich, aber er hat gewirkt!"

„Hätte ich Ihnen eigentlich nicht zugetraut", sagte Andy anerkennend. Das Eis war gebrochen. „Wie hat Mrs. Kempster darauf reagiert?"

„Gar nicht! Sie hatte Migräne und war oben. Aber Miß Frances' Entrüstung war sehenswert! Ich fürchte, jetzt sind Sie enttäuscht von mir, nicht? Ich bin eben hoffnungslos altmodisch. Leider! Ich würde sogar meine eigenen Kinder verhauen, wenn sie es verdienten. Was sagen Sie nun?"

Andy setzte zu einer Antwort an, aber sein Vater kam ihm zuvor.

So erfuhr ich leider nicht, wie Andy über meine Rolle als zukünftige Mutter dachte.

„Vielleicht ist es gerade das, was man an Jane so schätzt", warf

Mr. Jay schmunzelnd ein. Und damit nahm das Gespräch eine unerwartete Wendung. „Jane hat Nelken mit der Fleurop erhalten!“ sagte Mr. Jay bedeutungsvoll.

Es wurde totenstill am Tisch.

Ich blickte Mrs. Jay an. Sie schüttelte abwehrend den Kopf, hob hilflos die Schultern.

„Kein Kaffee mehr da, Laura? Ich würde gern noch eine Tasse trinken“, sagte Mr. Jay, das Kopfschütteln seiner Frau mißdeutend.

„O doch! Aber sicher, John“, sagte Mrs. Jay eifrig. „Möchten Sie auch noch Kaffee, Jane? Wie ist es mit dir, Andy?“

Wir hielten ihr unsere Tassen hin.

„Rote Nelken!“ polterte Mr. Jay. „Ein ganzer Strauß dunkelroter Nelken!“

„Woher wissen Sie das, Mr. Jay?“ fragte ich.

„Ein kleiner Vogel hat es mir ins Ohr geflüstert, was sagen Sie nun?“

„Laß den Unsinn, John!“ sagte Mrs. Jay verweisend. „Von wem hast du es wirklich?“

„Ich traf den Boten vom Blumengeschäft auf der Straße, er fragte nach Jane. War wohl vom Boyfriend, was? Was ist denn los mit euch? Warum diese betretenen Gesichter? Ist doch keine Schande, oder?“ Er blickte um sich. „Ich finde es bemerkenswert, daß die jungen Leute heute noch so romantisch sein können. Für mich ist das direkt beruhigend. Dann stirbt die Welt auch noch nicht aus. Oder ist Ihr Freund ein Blumenkind? So nennen sie sich doch, Hippie oder wie?“

„John Jay! Du redest zuviel!“ sagte Mrs. Jay ärgerlich.

Mr. Jay tat gekränkt. „Durfte ich das nicht sagen, Jane? Ist doch kein Verbrechen, wenn ein hübsches Mädchen Blumen bekommt.“

Andy wich meinem Blick aus.

„Natürlich nicht, Mr. Jay!“

„Willst du nicht mit Jane ein bißchen nach draußen gehen?“ fragte Mrs. Jay ihren Sohn.

„Darf ich Ihnen nicht beim Abwasch helfen?" fragte ich ausweichend. „Sie haben soviel Arbeit gehabt!"

„Auf keinen Fall!" erklärte Mrs. Jay energisch. „Mein Mann und ich waschen ab. Sie haben heute frei. Ein Spaziergang ist jetzt genau das Richtige für Sie, Sie kommen ohnedies viel zu wenig an die Luft, finde ich! Andy, hole Janes Mantel. Und du, John, binde dir eine Schürze vor und bring das Tablett hinaus!"

„Bestimmt Ihre Mutter auch so über Ihren Vater?" fragte Mr. Jay empört.

„Mindestens, Mr. Jay! Seit sie gleichberechtigt ist, auf jeden Fall! Und ich bestimme über meinen Bruder. Auf andere Weise revanchieren sie sich dann dafür."

„Das geht dich gar nichts an", sagte Mrs. Jay.

„Am Vatertag", sagte ich. „Dann gehen sie allein aus, betrinken sich und spielen den starken Mann."

„Junge", sagte Mr. Jay. „Das wäre was für mich!"

Andy stand mit meinem Mantel unter der Tür. „Kommen Sie, Jane?"

„Die Fernsehshow beginnt in einer Stunde", sagte Mrs. Jay.

„Fahren wir mit dem Wagen oder möchten Sie lieber gehen?"

„Ich möchte gehen", sagte ich. „Es war ein wunderschöner Abend."

Die schöne Stimmung war dahin. Jetzt, nachdem sein Vater die Nelken erwähnt hatte, von Andys Blumen zu sprechen, war unmöglich. Ich brachte es nicht über mich. Es wäre zu albern gewesen. Dabei gab es nichts, was mir mehr am Herzen lag. Er war ein seltsamer junger Mann. Anders als die Jungen, die ich kannte. Bei Andy wußte ich nicht, woran ich war. Vielleicht, wenn ich herausfinden konnte, was es mit den Blumen auf sich hatte . . .

„Warum sagten Sie war?" fragte er. „Ist der Abend nicht mehr schön?"

„Doch. Natürlich ist er das."

„Das klingt nicht sehr überzeugend! Sie wären lieber drinnen geblieben, nicht wahr?"

Ich schwieg. Der Abend war wunderbar. Er hätte noch viel schöner sein können, wenn er es mir nicht so schwer machen würde. Andy faßte mich am Arm und lenkte meine Schritte auf die Landstraße, die, wie immer abends, menschenleer war. Es war zu dunkel, um den Weg über die Felder zu gehen. Kein Stern am Himmel. Der Mond verschwommen, mit einem milchigen Kranz. Es roch nach Schnee. Die Luft schmeckte rauchig und trocken. Der Frost war nicht mehr so klirrend wie an den Tagen vorher. Morgen würde es eine weiße Weihnacht sein.

„Sind Sie stumm? Warum antworten Sie mir nicht?" fragte Andy unvermittelt.

Ich blieb stehen. „Was wollen Sie eigentlich von mir?" entgegnete ich. „Seit ich Sie kenne, versuchen Sie mich zu kränken. Wo immer ich Ihnen begegne, machen Sie abfällige Bemerkungen über mein Aussehen, meine Fähigkeiten, über meine Arbeit. Zugegeben, ich bin keine ideale Hausangestellte. Ich habe es nicht gelernt. Bis ich hierherkam, ging ich zur Schule. Wenn ich wieder zu Hause bin, werde ich weiter zur Schule gehen. Ihre Ironie ist beleidigend. Mag sein, daß Sie damit bei anderen Mädchen Erfolg haben, mich stoßen Sie nur ab. Vielleicht sind Sie ganz allgemein nicht gut auf Mädchen zu sprechen. Wissen möchte ich nur, weshalb Sie auf andere Art wieder nett zu mir sind. Wie vereinbart sich das? Auf der einen Seite lassen Sie keine Gelegenheit aus, mich zu kränken, und dann schenken Sie mir Blumen . . .!"

„Vergessen Sie die Blumen!"

„Wie meinen Sie das? Sie wollen doch nicht sagen, daß Sie mir Blumen schenken, damit ich sie nicht beachte? Blumen schaut man an, dazu sind sie da!"

Es war zu dunkel, um den Ausdruck seines Gesichtes sehen zu können. Rechts und links der Straße drängte sich der Wald bis hart an die Böschung. Sein Gesicht war ein geballter Schatten. Täuschte ich mich, oder klang seine Stimme gepreßt, als er sagte: „Was können Ihnen meine Blumen schon bedeuten? Ich bin ja nicht der einzige, der Ihnen Blumen verehrt!"

„Das stimmt. Trotzdem ..."

„Also vergessen Sie sie!"

„Das kann ich nicht."

Ich hatte mich getäuscht. Seine Stimme drang scharf, eiskalt und akzentuiert an mein Ohr. „Dann denken Sie, es sei eine Marotte von mir, fremden Mädchen Blumen aufs Zimmer zu stellen. Wie haben Sie das überhaupt herausgefunden?"

„Indem ich mich bei Ihrer Mutter für die Blumen bedankte. Sie erinnerte sich, Sie mit den Blumen gesehen zu haben. Sie hatte geglaubt, sie wären für Ihren Freund Billy bestimmt."

„Nehmen Sie an, es war so! Der Weg war mir zu weit, und es war zu frostig, sie wären im Freien erfroren."

„Sie hätten sie Ihrer Mutter schenken können!"

„Wie wahr! Leider habe ich nicht daran gedacht! Sie hätte sie verdient gehabt", sagte er grob.

Trotzdem konnte ich ihm nicht böse sein. Als ich sehr jung war, begeisterte mich jedes hübsche Gesicht. Beim Anblick der dunklen, schwermütigen Augen eines Filmstars, seiner lässigen Art zu gehen, die Zigarette zu halten, die Haare aus dem Gesicht zu streichen, konnte ich in Ekstase geraten. Aus manchen Filmen tauchte ich wie in Trance in die Lichter der Straße empor, ging wie benommen an den Auslagen der Geschäfte vorbei und wunderte mich, daß es die gleichen Straßen, dieselben Auslagen und Häuser waren. Es war zu unbegreiflich, daß alles unverändert geblieben sein sollte, während ich gebangt hatte, ihm zujubelte, um ihn litt. Seine Bilder schmückten die Tapeten meines Zimmers. Einmal hatte ich eine ganze Nacht lang vor Glück und Mitleid in die Kissen geschluchzt, weil ich in einer Illustrierten gelesen hatte, wie einsam und unglücklich mein Idol trotz seines Ruhmes und Reichtums im Grunde genommen sei.

Die Zeit war vorbei. Ich war nicht mehr vierzehn Jahre alt. Andy war kein Schlagerstar und kein Leinwandheld. Ich hatte meine erste unglückliche Liebe erlebt, erlitten und überwunden. Es hatte nicht viel dazu gehört, mich verliebt zu machen. Nur ein anziehendes Gesicht, heiße Rhythmen eines bezaubernden

Sommerabends. Oder auch nur der Ehrgeiz, von vielen die einzige, die Auserwählte, zu sein.

Ralf hatte sich nie um mich bemüht. Weshalb sollte er? Er brauchte es nicht. Ich kam ihm bereitwillig entgegen. Warum er mir an diesem Heiligen Abend Blumen schickte? Er konnte es einfach nicht ertragen, auch nur eine aus seinem Gefolge abtrünnig zu sehen. „Jane", hörte ich ihn sagen. „Aber gewiß doch, wir stehen in Verbindung. Ich habe ihr zu Weihnachten Blumen geschickt. Ein Dutzend Nelken. Durch die Fleurop. Hab meinem alten Herrn ganz schön in die Tasche greifen müssen. Aber was tut man nicht alles! Wollt ihr hören, was sie schreibt?"

Andy hatte Blumen auf mein Zimmer gestellt. Heimlich. Ohne Aussicht auf Dank oder Belohnung. Es sind die kleinen, selbstlosen Aufmerksamkeiten, die uns beeindrucken, um so mehr, weil sie selten und ungewöhnlich sind. Man erinnert sich immer daran, selbst wenn die Freundschaft einmal zu Ende geht.

Vielleicht hätte ich Andy nie beachtet. Er hätte die Weihnachtsferien bei seinen Eltern verlebt, ich hätte ihn als Sohn der Jays gelegentlich getroffen, und wenn ich je auf ihn zu sprechen gekommen wäre, hätte ich gesagt: „Andy? Ach ja, das war der etwas arrogante Sohn der Farmersleute, sehr groß, leidlich hübsch, mehr weiß ich nicht von ihm."

Seit ich in ihm den Spender der Blumen wußte, kreisten meine Gedanken um ihn. Seine kleine heimliche Geste hatte mich bezaubert. Wenn ich in mein Zimmer trat, in diese kalte, unpersönliche Kammer ohne Gemütlichkeit und Atmosphäre, und den Strauß Chrysanthemen sah, der nicht welkte, weil das Zimmer in Kälte erstarrte, das Weihnachtsbäumchen, verloren und sich vergeblich bemühend, weihnachtliche Stimmung heraufzubeschwören, dann dachte ich an Andy und stellte mir vor, wie er heimlich die Stufen zu meinem Zimmer hinaufgeschlichen war, die Blumen in der Vase ordnete, sich überlegte, wo das Tannenbäumchen am besten zu placieren sei, damit ich mich in der Fremde nicht einsam fühle. Vielleicht hatte er in den Büchern auf meinem Tisch geblättert, vielleicht sich die ausländischen Marken auf meinen Briefen angesehen. Was mochte er dabei gedacht und empfunden haben? Das fragte ich mich.

Er konnte heute noch so grob und zynisch sein, ich glaubte ihm das einfach nicht mehr.

„Sie erwähnten vorhin Ihren Bruder", brach Andy das Schweigen im schönsten Konversationsstil. Kein Zorn, keine Spur von Erregung zitterte in seiner Stimme nach. „Haben Sie noch mehr Geschwister?"

Wir hatten den Waldstreifen hinter uns gelassen. Sein Gesicht, kühl und beherrscht, hob sich hell vom Dunkelblau seines Mantelkragens ab. Ich sah die rauhreifüberzogenen Felder, den Hochstand am Waldsaum, hörte in der Ferne ein Käuzchen schreien. „Glücklicherweise nein, ein Bruder genügt", sagte ich.

„Mögen Sie ihn nicht?"

„Ich möchte ihn nicht missen! Aber er kann eine schreckliche Plage sein. Jungen in seinem Alter sind anstrengend, finde ich. Er ist siebzehn, findet sich sehr erwachsen und weise."

„Mädchen Ihres Alters nicht?"

„Anstrengend? Ja und nein. Seine Sorte kann einem auf die Nerven gehen."

„Und Mädchen?"

„Nur sich selbst."

„Den anderen nicht auch?"

Jetzt fängt er schon wieder an! Wie lange soll das so weitergehen, dachte ich bei mir. „Was ich sagen wollte, ist folgendes", fuhr er fast nachdenklich fort. „Man beurteilt sich selbst immer nur subjektiv. Sie haben nur einen Bruder, keine Schwester. Wie wollen Sie wissen, ob Sie nicht genauso unbegreiflich für ihn sind? Nehmen Sie mich, ich habe keine Geschwister. Es stimmt also, daß auch ich meine Wirkung auf einen Bruder und seine Wirkung auf mich nicht testen konnte. Freunde sind kein Maßstab. Erst das enge Miteinanderleben bringt die Konflikte. Es gab da eine Kusine, die zwei Jahre lang bei uns zu Hause lebte, bis sie im vergangenen Jahr als Korrespondentin mit ihrem Chef nach Australien ging. Ich weiß, wie anstrengend sie sein konnte."

„Sie sind ja wirklich ein Pädagoge!" sagte ich.

„Kaum zu glauben, nicht wahr?"

„Verzeihen Sie."

„Nein, entschuldigen Sie sich nicht!" Er lachte. „Es befremdet Sie, daß ich die These von der Schädlichkeit der Prügelstrafe so gewissenhaft nachbetete, nicht wahr? Was glauben Sie, wie hilflos man sich als junger Lehrer fühlt! Es muß einfach etwas da sein, an das man sich halten kann. Man fühlt sich sehr unsicher, wenn man zum erstenmal vor einer Klasse steht. Ich hatte zu Anfang monatelang einen Kloß im Magen. Daß ich mir meine eigene Schulzeit vor Augen hielt, machte die Sache nicht besser, im Gegenteil, es vertiefte nur meine Befürchtungen und Ängste. Da sitzen die kleinen Ungeheuer, bereit, beim geringsten Anzeichen von Unsicherheit über einen herzufallen. Man versucht also, sich stur an die Vorschriften zu halten. Läßt man sich auch nur einmal zu einer Regelwidrigkeit hinreißen, ist die Karriere beendet. Ein älterer Kollege kann sich das erlauben. Seine Berufserfahrung und seine lange Dienstzeit bürgen für ihn. Natürlich bin ich gegen jede Gewaltanwendung. Die harten Erziehungsmethoden früherer Generationen verurteile ich. Aber daß junge Hunde und kleine Kinder ohne einen gelegentlichen Klaps nicht aufzuziehen sind, weiß ich so gut wie Sie, Jane. Ich verdenke es Ihnen also nicht!"

„Ach, und wieso ärgerten Sie mich denn damit?"

„Ganz einfach deshalb, weil es mir Spaß macht, Sie wütend zu sehen." Er nahm meinen Arm. „Erzählen Sie mir ein bißchen mehr über sich."

„Was möchten Sie wissen?" fragte ich steif.

„Böse?" Er drückte meinen Arm, den er noch immer hielt. „Um für die Zukunft allen weiteren Mißverständnissen vorzubeugen, muß ich Sie etwas fragen, Jane." Wieso Zukunft, was meint er damit, fragte ich mich verblüfft. „Gehen Ihnen meine Spötteleien wirklich auf die Nerven? Fühlen Sie sich verletzt?"

„Ich weiß nicht, was Sie meinen", sagte ich.

„Ich habe eine Art, meine Freunde herauszufordern, die nicht jedem liegt. Das weiß ich, und manchmal versuche ich, davon abzulassen. Andererseits, finde ich, gehört ein bißchen ‚teasing', wie wir sagen, Neckerei oder wie immer Sie es nennen wollen, einfach zu einem guten Gespräch. Wenn man den Widerspruch des Partners herausfordert, bereitet man den Boden vor zu weiterer Rede und Gegenrede. Nicht jeder kann das vertragen. Deshalb möchte ich wissen, wie es bei Ihnen damit steht."

„Ich bin nicht völlig humorlos, wenn Sie das andeuten wollten."

„Und Krallen haben Sie auch! Ich sehe, wir werden uns wunderbar verstehen! Wo sind Sie zu Hause, Jane? Aus welcher Gegend Deutschlands kommen Sie?"

„Aus dem Rheinland. Warum wollen Sie das wissen?"

„Können Sie sich das nicht denken? Aus dem Rheinland! Und Sie wohnen direkt am Rhein?"

„Er fließt an unserem Garten vorüber. Aber sagen Sie jetzt bloß nicht: ‚Ach, eine fidele Rheinländerin!' Bei uns sind nicht alle Leute lustig, nicht jeder trinkt Wein, und schunkeln sehen Sie nur die Touristen, die Rheinländer höchstens im Karneval!"

„Und nicht jeder Schotte ist geizig und nicht jeder Engländer ein Gentleman", fiel Andy lachend ein. „Sie sehen, ich hatte nicht die Absicht! Aber schwimmen können Sie?"

„Das allerdings! Als es statt der Motorboote noch die alten, langsamen Schleppkähne gab, schwangen wir uns stets auf die zu Berg fahrenden Schiffe, um ein paar Meilen weit mitzufahren. Das war ganz schön gefährlich, der Schwung über die Bootskante und das Abspringen. Aber es gab uns die Möglichkeit, herrlich lange stromabwärts zu schwimmen. Meine Mutter hat jeden Sommer Todesängste ausgestanden. Sie betete schon im Frühjahr um eine möglichst kurze Sommerzeit. Dabei ist sie eine leidenschaftliche Sonnenanbeterin."

„Ich hätte Sie sehen mögen!"

„Besser nicht! Aber ich konnte auch friedlich sein. Manchen Sonnenuntergang habe ich unter unserem Birnbaum im Garten verträumt oder auf der Gartenmauer sitzend, während unser braungefleckter Bernhardiner in den Blumenbeeten Jagd auf Schmetterlinge machte. Man kann von der Gartenmauer direkt auf den Rhein und die gegenüberliegenden Berghänge sehen. Wenn dort die Lichter in den Häusern aufflammen, hat man den Eindruck, als wären im Berg Diamanten vergraben, die bei Nacht glitzern. Und dann die vorbeiziehenden Hotelschiffe mit ihren erleuchteten Bullaugen, der Lichterkette und der Tanzmusik, die das Wasser ans Ufer trägt! Ich habe manchen Abend im Garten gesessen. Unsere Sommernachtspartys im Garten waren unter meinen Freunden berühmt! Es ist seltsam: Wenn ich an zu Hause denke, erinnere ich mich nur an den Sommer. Es lebt sich herrlich auf dem Land, wenn es in den Städten heiß, lärmend und staubig ist. Ich habe nie Strümpfe oder Schuhe getragen und war immer schmutzig. Das hätten Sie einmal sehen sollen!"

Mir war bei unserem Gespräch richtig warm geworden. Die Erinnerung an die Sommertage daheim, der Gedanke an unseren Garten, die sonnenbeschienene Laube, den zerfließenden Teer auf den Schiffsplanken, die Abende und Nächte am Rhein hatten mich aufgewühlt. Ich spürte die Kälte der Nacht nicht mehr, und gedankenverloren drückte ich im Überschwang meiner Gefühle Andys Hand.

Andy blieb stehen. Wir hatten einen Bogen geschlagen und waren auf der Straße vor der Farm angelangt. Seine Worte kamen gepreßt, unsicher: „Darf ich dich küssen, Jane?"

Einen kurzen Augenblick lang hatte ich das unsinnige Gefühl, die ganze Welt müßte seine Worte hören. Sie standen reglos in der Nacht, wurden lauter und lauter, wuchsen zu einem Orkan an, setzten sich wie Schallwellen fort und verklangen wieder.

Diese Frage hatte mir noch niemand gestellt. Ich biß mir auf die Lippen, überlegte fieberhaft: Was soll ich antworten? So etwas kann man ein Mädchen nicht fragen, dachte ich. „Darf ich dich küssen, Jane?"

Dieses Mal zitterte seine Stimme nicht.

Ich nahm tief Luft und sagte: „Nein!"

„Ist es wegen der Nelken?"

Ich schüttelte den Kopf.

„Ich verstehe“, sagte Andy.

„Ihr beiden seid ja schön durchfroren“, sagte Mrs. Jay. „Warum bleibt ihr auch so lange draußen! Kommt herein, wärmt euch auf! Ich habe eine große Kanne Tee gekocht!“

„Ich fahre noch auf einen Sprung ins Dorf, Ma“, sagte Andy. Seine Augen blickten düster. „Bleib nicht auf und sag Papa Bescheid. Gute Nacht, Jane.“

„Und der Tee? Und was ist mit der Fernsehshow?“

„Geschenkt!“ sagte Andy und ging hinaus.

Er kam nicht wieder darauf zurück, obwohl wir uns in der folgenden Woche täglich sahen.

Mr. und Mrs. Kempster und natürlich George als Hauptattraktion der Partys verbrachten die Abende zwischen Weihnachten und Neujahr bei Freunden. Ich nahm meine Besuche bei den Jays wieder auf. Ich war nicht sicher, ob Andy mein ständiges Kommen freute, sagte mir aber, daß es besser sei, so zu tun, als ob nichts geschehen wäre. Mrs. Jay hätte es sicher merkwürdig gefunden, wenn ich sie plötzlich gemieden hätte, denn die Abende waren lang, und ich war allein. So saß ich mit den Jays im Wohnzimmer zusammen, spielte mit Mrs. Jay Domino, ließ mich von Mr. Jay in die Geheimnisse des Schachspieles einführen, trank mit ihnen Tee und plauderte. Andy saß dabei, schaute uns zu oder las. Er lud mich auch einmal ein, seine Beatplatten anzuhören, gab mir Bücher zu lesen, korrigiete meine Englisch-Aufsätze, die ich seinem Vater zur Durchsicht gab, kam aber nie auch nur mit einem Wort auf den Weihnachtsabend zurück.

Am Silvesterabend gaben die Kempsters eine Gala-Party. Vierzig Gäste waren geladen. Miß Frances hatte sich bereit erklärt, mir bei den Vorbereitungen zu helfen. Für den Abend war ein Lohndiener engagiert.

Die Putzfrau, wieder zurück, half in der Küche, und Mrs. Jay hatte sich erboten, mich beim Anrichten des kalten Buffets zu unterstützen.

Unsere Gäste waren in ausgelassener Stimmung. Das kalte Buffet wurde ein großer Erfolg. Mrs. Jay blieb bis gegen Mitternacht. Dann ging sie zu ihrer Familie hinüber.

Ich wartete auf Andy. Er kam nicht. Als die Glocken verstummt waren, rief Mr. Kempster mich in die Halle, umarmte mich und wünschte mir ein gutes neues Jahr. Mrs. Kempster kam in die Küche, um mir Glück zu wünschen. George Kempster umarmte mich auch. Dann faßte er meine Hände und sagte feierlich, daß er sich wünschte, mich im neuen Jahr in Montreal zu sehen. Danach stürzte er hinaus, kam aber einen Augenblick später mit zwei Gläsern Sekt zurück und forderte mich auf, mit ihm auf diesen Wunsch anzustoßen. Mrs. Davies und Mrs. Parker kamen ebenfalls auf einen Sprung in die Küche. Danach kam niemand mehr, und ich machte mir vor, nie auf Andy gewartet zu haben.

Ich redete mir ein, daß es mir ganz gleichgültig sei, daß er nicht gekommen war.

Die Party dauerte bis gegen Morgen. Am nächsten Tag hatte ich frei. Ich schlief bis zum frühen Nachmittag. Gegen Abend fuhr ich mit Ingrid nach Dorking, um einen Film anzusehen. Wir nahmen einen kleinen Imbiß in einer Snack-Bar, bevor wir ins Kino gingen. Der Film langweilte mich.

Beim Verlassen des Kinos trafen wir Gerlinde in Begleitung zweier männlicher Patienten des Krankenhauses. Sie waren auf dem Weg zur Dancing Hall. Als sie hörten, daß wir keinen bestimmten Plan für den Abend hatten, bestanden sie darauf, daß wir mit ihnen kommen sollten. Sie kamen vom Dinner in einem Hotel und waren ziemlich aufgekratzt. Ich zögerte. Doch Ingrid war dafür, und ich ließ mich überreden.

Die Dancing Hall war ganz in der Nähe. Warmes Licht schimmerte durch das bunte Mosaik der hohen Fenster. Vor dem Eingangsportal herrschte lebhaftes Kommen und Gehen. Ganz Dorking und die Bewohner der umliegenden Dörfer schienen sich hier ein Stelldichein zu geben. Ich machte mich auf heißen Beat gefaßt und bedauerte, nicht etwas anderes angezogen zu haben.

„Das ist doch nichts für uns", flüsterte ich Ingrid zu. „Schau dir nur die Ballkleider an, wir werden ersticken!"

„Red nicht", sagte Ingrid. „Verdirb uns bloß nicht den Abend!"

Ich weigerte mich, meinen Mantel an der Garderobe abzugeben. Ich wußte, hier würde ich nicht lange bleiben und wollte für eine halbe Stunde kein Eintrittsgeld ausgeben. Doch einer der Jungen hatte schon für uns alle bezahlt, und so blieb mir nichts übrig, als mit hineinzugehen. Ingrid faßte mich am Arm und zog mich mit sich fort. Ich stolperte buchstäblich in den Saal.

Im selben Augenblick fühlte ich mich beobachtet. Die Blicke brannten auf meiner Haut. Ich blieb stehen und drehte mich um, konnte aber niemanden entdecken, der mir mehr als flüchtige Aufmerksamkeit schenkte. Ingrid und Gerlinde waren mit den Jungen weitergegangen. Auf der Tanzfläche drehten sich die Paare. Es waren mehr tanzende Paare, als Platz für sie vorhanden war. Ich stand vor einem der hohen Seitenfenster, halb vom Vorhang verborgen, lehnte mich an die Brüstung und wartete. Ich wußte selbst nicht, worauf.

Die Kapelle spielte keinen Beat. Es war ein altes irisches Volkslied, das ich schon oft hörte. „One enchated evening – you will see a stranger – you will see a stranger – across a crowed room".

„. . . an einem bezaubernden Abend wirst du einem Fremden begegnen . . ."

Die Kronleuchter funkelten wie Sterne. „Und dann wirst du wissen . . ." Über den Kronleuchtern zog sich eine Balustrade rings um den Saal. Ich folgte ihr mit den Augen – und begegnete Andys Blick.

„. . . und dann wirst du wissen . . ."

Es war wie in einem Roman. Alles verschwand wie in nebelhafter Ferne, die Menschen, die Musik, der heiße, brodelnde Saal. Ich wagte nicht, mich zu bewegen. Ich lächelte ihm auch nicht zu. Ich stand da und starrte zu ihm hinauf, meine Hände unter dem Mantelkragen verborgen, als stünde ich in einem zugigen

Wartesaal. Und er starrte zurück. Die Paare verließen die Tanzfläche. Ich wurde zur Seite gedrängt. Als ich wieder hinaufsah, war der Platz leer. „Ich hatte gehofft, daß Sie kommen würden, aber ich habe nicht daran geglaubt“, sagte er neben mir. Er lachte, aber seine Augen lachten nicht.

Reiß dich zusammen, Jane! befahl ich mir. „Ich möchte auch nicht bleiben“, sagte ich kühl. „Ich war gerade im Begriff, wieder zu gehen.“

„Mir gefällt es auch nicht. Darf ich Sie nach Hause bringen?“ Er winkte irgend jemandem in der Menge zu. „Kommen Sie!“ Ich entdeckte Ingrid mit den anderen an einem Seitenfenster und gab ihr ein Zeichen. Ich hatte keine andere Wahl.

„Haben Sie schon gegessen?“ fragte er, als wir auf der Straße standen.

„Eine Kleinigkeit, ja.“ Wieder sah er mich so merkwürdig an.

Mir wurde bewußt, daß ich noch immer mit beiden Händen meinen Mantel unter dem Kragen zusammenhielt. Ich ließ ihn los und steckte die Hände in die Taschen.

„Eine Kleinigkeit ist nicht genug!“ sagte er. „Möchten Sie nicht mit mir essen? Es ist nicht weit von hier.“ Er hatte wirklich die dunkelsten Augen, die ich je gesehen hatte, die breitesten Schultern, das hübscheste Gesicht! „Einen Happen werden Sie noch vertragen können.“

„Ich – ich bin nicht angezogen.“

„Wann sind Frauen das je?“ meinte er. Und jetzt lachte er richtig. „Wenn's weiter nichts ist! Machen Sie sich darüber keine Sorgen. Dem Kellner ist es egal, solange Sie nicht ‚Oben-ohne‘ erscheinen, und ich habe Sie schon völlig aufgelöst und mit zerzausten Haaren gesehen und fand Sie trotzdem attraktiv.“ Er hakte sich bei mir ein. „Sie sind ein sehr natürliches Mädchen, Jane, auch in Ihrem Äußeren! Das fiel mir gleich an Ihnen auf. Ich habe es gern, wenn ein Mädchen sich zurechtzumachen versteht. Aber es muß natürlich aussehen. Es sollte den natürlichen Charme eines Gesichtes nicht verdecken. Wenn ein Mädchen lacht, sollte es nicht aussehen, als wollte es weinen. Und wenn es weint, dann sollte es weinen dürfen, ohne Angst haben zu müssen, hinterher wie ein Clown dazustehen. Ein Mädchen mit Charme ist im einfachsten Kittel anziehend und hübsch. Ich bin sehr froh, daß Sie ein so natürliches Mädchen sind, Jane."

Und ich bin sehr froh, daß ich dir früher nicht begegnet bin, dachte ich. Du hättest mich nicht gemocht. Du hättest mich nicht einmal angesehen!

Es war ein kleines, elegantes Hotel, in das er mich führte. Holztäfelung an den Wänden, viel Kupfer und Messing auf niedrigen Simsen und blitzende Silberleuchter in den durch Spaliere abgeteilten Nischen. „Und das nennen Sie ‚nicht angezogen sein'?" sagte Andy, als er mir den Mantel abnahm. „Ich finde, es ist ein entzückendes Kleid. Die Farbe paßt zu Ihrem Teint und Ihren Augen."

Es war ein schmales Etuikleid aus Jersey, türkisfarben mit aufgestelltem Kragen. „Trotzdem ist es für heute abend nicht passend", protestierte ich schwach. „Es ist nicht festlich genug." Wir folgten dem Kellner zu einem Tisch in einer der Nischen, und Andy rückte den Stuhl für mich zurecht. „Danke, Jane", sagte er über meine Schulter. „Das haben Sie reizend gesagt." Ich biß mir auf die Lippen. So wie er es auffaßte, hatte ich es nicht gemeint.

Er bestellte Fasan für mich und für sich ein Steak. Als Getränk dazu einen leichten Rosé. Beim ersten Schluck sagte er: „Wir müssen etwas nachholen, Jane! Ich hatte gehofft, Sie um Mitternacht zu sehen. Ich habe auf Sie gewartet." Und ich auf dich, dachte ich. „Es ist unter Freunden doch üblich, sich Glück fürs neue Jahr zu wünschen. Ich wäre gern zu Ihnen rübergekommen, wußte aber nicht, ob es Ihnen angenehm wäre, also ging ich wieder. Stoßen Sie jetzt mit mir an?"

Ich hob lächelnd mein Glas.

„Viel Glück für Sie, Jane! Und alles Glück für uns beide."

Mein Herz klopfte wie ein Schmiedehammer. „Für uns beide", hatte er gesagt.

„Wenn wir gegessen haben, möchte ich Ihnen etwas zeigen. Kommen Sie mit, oder ist Ihnen zu kalt?"

„Wohin soll's denn gehen?"
„Zu einem Hügel."
Was für eine seltsame Idee, dachte ich.
Wir fuhren mit dem Wagen hin. Ich vermißte meinen Talisman am Armaturenbrett. Als hätte er meine Gedanken erraten, sagte Andy: „Ich trage ihn an einem Kettchen. Es ist mir lieber so. Dann habe ich ihn immer bei mir. Er ist mir näher. Ich hoffe, es ist Ihnen recht."
Wir fuhren aus der Stadt und einen sanft ansteigenden Berg hinauf. Er hatte das Radio angedreht. Der Schnee auf der Straße war glatt und verharscht. Er fuhr schweigend und konzentriert.
Auf der Bergkuppe hielt er an. Neben der Straße war ein großer Parkplatz. Sträucher, Büsche und Bänke säumten das Plateau. Er ließ den Wagen hart am Straßenrand halten und besah sich den Platz. „Schade, daß wir nicht aussteigen können. Ich hatte den Schnee nicht bedacht. Zu dumm von mir, jetzt sind wir umsonst heraufgefahren."
„Wieso?" fragte ich. „Glauben Sie, der Schnee ist sehr tief?"
Er überlegte. „Warten Sie!" sagte er plötzlich. „Ich glaube, im Kofferraum liegen ein Paar Gummistiefel von mir. Würden Sie die überziehen? Ich seh mal nach, vielleicht passen sie Ihnen." Er stieg aus und kam einen Augenblick später mit einem riesigen Paar Stiefel zurück. „Versuchen wir's!"
Ich sah aus wie David in den Schuhen Goliaths. Beim ersten Schritt knickte ich um. Andy fing mich auf und lehnte mich gegen die Wagentür. „Bleiben Sie stehen." Er schloß den Wagen ab, kam wieder zurück, „verzeihen Sie", sagte er in typisch englischer Gentleman-Manier, bückte sich und hob mich auf, „anders läßt es sich leider nicht machen!" Er trug mich über das Plateau zu einem steinernen Halbrund, dem Aussichtstor von Boxhill, denn so hieß der Hügel, auf dem wir standen. Sechshundert Fuß über dem Meeresspiegel, war es der bekannteste und meistbesuchte Ausflugsort der Nort Downs, der nordischen Ebene. „Ist es nicht ein überwältigender Anblick?" fragte Andy begeistert. „Wir müssen bei klarem Wetter nochmals kommen. Man kann

den ganzen Lauf des Mole-Flusses durch den Betwood-Park und quer durch Dorking verfolgen und in weiter Entfernung Reigate, Brockham und Sturtwood liegen sehen. „Jetzt sehen wir nur die Lichter."

„Woher hat es seinen Namen?"

„Boxhill? Von den Bäumen, die rings um dieses Plateau stehen. Es sind Buchsbäume. Sie sollen bereits im dreizehnten Jahrhundert gepflanzt worden sein."

„Und wem gehört dieser wunderbare Naturpark?"

„Er ist Staatsbesitz. Leopold Salomons von Norbury Park in Mickleham kaufte das Land von Lord F. H. Pelham-Clinton Hope, um es vor Bebauung zu bewahren. Es sollte in Parzellen aufgeteilt werden. Aber Mr. Salomons fand das zu schade. Also kaufte er den Landstrich auf und schenkte ihn dem Staat. Riesig großzügig, nicht?"

Die Ebene vor uns war ein einziges funkelndes Lichtermeer.

Ich trat einen Schritt weiter vor.

„Bleiben Sie stehen!" rief Andy erschrocken. Er kam zu mir und legte den Arm um meine Schulter. „Was soll der Unsinn? Möchten Sie abstürzen? Lehnen Sie sich gegen mich, der Boden ist schlüpfrig. Sehen Sie die Dancing Hall? Sieht aus wie ein Märchen aus Tausendundeiner Nacht, finden Sie nicht? Auf der anderen Seite ist das Kino."

„Da war ich heute", sagte ich. „Ein grausiger Schmachtfetzen! Das Beiprogramm war besser als der Hauptfilm."

„Wenn ich das gewußt hätte . . ."

„Was?"

„Ich war in dem anderen Theater. Ich war der Meinung, Sie würden sich den Film mit der Loren ansehen."

„Hätte ich doch bloß!" sagte ich. Erst dann dämmerte mir, was er damit sagen wollte. Er hatte mich gesucht!

„Anfang der Woche war ich auf dem Friedhof", sagte Andy und blickte an mir vorbei auf die Lichter in der Ferne. Seine Stimme klang unbeteiligt, monoton und leise. „Auf Billys Grab standen frische Blumen. Ein Strauß dunkelroter Nelken. Seither habe ich mich wohl tausendmal gefragt, woher sie kamen. – Wissen Sie es?"

„Keine Ahnung. Wie sollte ich?"

Er drehte sich zu mir um. „Sie würden es nie zugeben, was?" fragte er leise.

„Wenn Sie es wissen, warum fragen Sie mich dann?"

„Um es von Ihnen zu hören. Sie würden es nicht sagen, nein?"

Ich schwieg.

„Wollen wir umkehren?" Er hob mich hoch. Als ich die Arme um seinen Hals legte, um mich festzuhalten, blieb er stehen und sah mich an. Jetzt wird er mich fragen, dachte ich. Wenn er mich jetzt fragt, ob er mich küssen dürfe, was sage ich dann?

Er fragte nicht. Nach einem kurzen Augenblick ging er weiter und blieb erst vor seinem Wagen wieder stehen. Ich zog die Stiefel aus und schlüpfte auf den Sitz.

Zurück fuhr er schnell. Nicht unbeherrscht und verantwortungslos, sondern zügig, als habe er es eilig, mich nach Hause zu bringen, um mich endlich loszuwerden.

Was ist nur mit mir? fragte ich mich. Ich mochte ihn doch. Ich hatte ihn gern. Alle meine Gedanken beschäftigten sich nur mit ihm. Zweimal hatte er mir schon Gelegenheit gegeben, ihm näherzukommen. Zweimal hatte ich sie verpatzt. Nach dem heutigen Abend würde es vermutlich ein drittes Mal nicht geben.

Aber wenn er so leicht aufgibt, ist er es einfach nicht wert, daß ich mich um ihn gräme, sagte ich mir trotzig. Trauern würde ich bestimmt nicht um ihn. Kam ja gar nicht in Frage!

„Sie bedeuten alles für mich, Jane. Ich habe Sie sehr gern. Ist Ihnen das immer noch nicht klar?" sagte Andy mitten in meine Gedanken hinein. Er zog die Handbremse an. Wir hielten vor dem Waldstreifen neben der Farm. Und dann küßte er mich.

„Plötzlicher ging's wohl nicht?" sagte ich, als ich wieder sprechen konnte.

Andy lachte. „Ich hätte dich gern schon vorher geküßt. Was glaubst du wohl, warum ich so schnell gefahren bin? Den ganzen Abend über habe ich an nichts anderes gedacht."

„Und warum hast du es nicht getan?“

„Weil ich dir angeboten hatte, dich in meinem Wagen nach Hause zu bringen. Ich wollte die Situation nicht ausnützen.“

„Ich hätte ja aussteigen können, wenn es mir unangenehm gewesen wäre.“

„Genau. Und das wollte ich nicht riskieren. Glaubst du, ich lasse zu, daß du mitten in der Nacht per Anhalter nach Hause fährst?“

„Offenbar nicht.“

„Aber jetzt sind wir zu Hause. Du bist nicht ausgestiegen, und ich sehe keinen Grund, weshalb ich noch länger warten soll“, sagte Andy und legte seinen Arm um mich.

George Kempster fuhr ohne mich nach Montreal zurück. Er nahm meine Absage gelassen hin, so als habe er sie schon erwartet. Ich hatte den Eindruck, als schriebe er meinen Entschluß dem Nelkenstrauß zu, den er in den vorausgegangenen Tagen mehrfach erwähnte. Wenn Ralf gewußt hätte, welche wilden Vermutungen sein Blumengruß ausgelöst hatte . . .

Den wirklichen Grund erriet auch Mrs. Kempster nicht. Niemand ahnte ihn, außer Mrs. Jay vielleicht, doch die verriet sich nicht.

Von Susan und Anne gab es einen tränenreichen Abschied. Selbst Miß Frances ließ sich zu einem gefühlvollen „Leben Sie recht, recht wohl, liebe Jane“ hinreißen. Ich wünschte George Kempster von Herzen, daß er bald den Mut finden würde, in Miß Helen mehr als nur die beste Freundin seiner verstorbenen Frau zu sehen. Dann brauchten seine Kinder keine fremde, bezahlte Erzieherin mehr.

Als sie abgereist waren, wurde es still auf der Beechwood-Farm. Mrs. Kempster fuhr für drei Wochen zur Erholung in die schottischen Berge. Während dieser Zeit speiste Mr. Kempster meistens im Klub, in dem er auch seine Abende verbrachte.

Ich konnte mich jetzt ungestört meinen Sprachstudien widmen.

Die Abende verbrachte ich auf der Farm bei Mr. und Mrs. Jay. Von Andy erhielt ich täglich einen Brief, und genauso oft schrieb ich ihm. Viel besser, als es in jedem Gespräch möglich gewesen wäre, das doch immer durch die Nähe des anderen und das Glück, sich nahe zu sein, beeinflußt wird und dadurch manches ungeklärt läßt, lernten wir uns durch unsere Briefe kennen. Andy erzählte mir vom Unterricht, diskutierte mit mir über pädagogische Probleme, fragte mich auch manchmal um Rat in einer schwebenden Angelegenheit, beschrieb mir seine Kollegen und machte mich mit der Stadt und der Gegend, in der er lebte, bekannt. Ich erzählte ihm von meinem deutschen Zuhause, brachte ihm unser Dorf und die Menschen, die mir am meisten bedeuteten, nahe, schilderte ihm unsere Art zu leben und meine Art, Dinge und Menschen zu sehen.

Als er in den Ferien zurückkam, war es, als wären wir immer zusammen gewesen. Wir waren vertraut miteinander wie eine Sandkastenliebe, als hätten wir uns von frühester Jugend an gekannt.

Doch meine Zeit war um. Acht Tage blieben uns, die wir mit Mrs. Jay auf einer Cottage in Cornwall verbrachten. Andy wollte, daß ich meinen ersten englischen Frühling mit ihm zusammen erlebe. Ich sollte mich an diese Tage erinnern, wenn ich wieder zu Hause war.

Wie es mit uns weitergehen würde – ob es mit uns weitergehen würde –, wußten wir nicht. Ich fuhr nach Hause, um mein Studium aufzunehmen. Vielleicht fand sich eine Möglichkeit für mich, einige Semester in England zu studieren – wenn wir beide es noch wünschten, uns wiederzusehen.

Als ich Andy meine Zweifel darüber mitteilte, lachte er mich aus. „Wenn du nicht nach England kommst, fahre ich zu dir!" sagte er. „Was hindert mich daran, bei euch als Lehrer zu arbeiten? Das ist überhaupt eine Idee!" Es sah ganz so aus, als ob er diese Möglichkeit ernsthaft erwäge.

„Und wie soll ich mich dann auf mein Studium konzentrieren, mit dir in der Nähe?" protestierte ich lachend.

„Mach dir darüber keine Sorgen", grinste er. „Hast du noch nie etwas von moralischer Aufrüstung gehört?"

Es war Abend, als wir nach London fuhren. Andy brachte mich zum Viktoria-Bahnhof. Wir gingen durch die Halle, auf den Bahnsteig, wo vor nicht ganz einem Jahr mein Abenteuer seinen Anfang genommen hatte. Aber das war nicht mehr die Jane von damals. Es war ein anderes Mädchen. „Das wunderbarste, das es gibt", sagte Andy.

Er hielt meine Hand, bis der Zug an Fahrt gewonnen hatte.

Ich sah ihn kleiner und kleiner werden. Dann sah ich ihn nicht mehr. Ich schloß das Fenster und lehnte meinen Kopf in die Polster. Ich sehnte mich zurück.

Der Auslands-Job

England ist und bleibt das beliebteste Auslands-Job-Ziel. Jungen und Mädchen werden im Sommer dringend auch als Aushilfskräfte von britischen Ferienorganisationen gesucht. Die Gästehäuser und Ferienheime liegen in reizvoller Landschaft. Das soll ein Trost sein, wenn man zum Putz- oder Geschirrspülkommando gehört. Aushilfen bekommen bei freier Station knapp 10 £ (etwa 65 Mark) pro Woche. Wer serviert, bekommt reichlich Trinkgeld.
Etwas ruhiger geht es in den Haushalten zu, in denen man auf Au-pair-Basis (freie Station und Taschengeld) genügend Zeit für einen Sprachkursus hat (Taschengeld meist 4 £, etwa 25 Mark, pro Woche; teils Bezahlung der halben Reise). Alle Bewerbungen an die Auslandsabteilung der ZAV (Zentralstelle für Arbeitsvermittlung), 6 Frankfurt, Feuerbachstraße 42, Tel. 06 11 - 7 11 11.
Au-pair-Jobs vermittelt auch der Verein für Internationale Jugendarbeit e. V., Bonn, Poppelsdorfer Allee 27, Tel. 0 22 21 - 65 77 33, der Au-pairs gut vorbereitet und in London einmal im Monat zu Unterhaltung und Diskussion zusammenholt. –
Wer Sozialarbeit schätzt, kann von Juli bis September für 3 Wochen von der Deutschen Jugend- und Studentenreisen GmbH, 53 Bonn, Lennéstraße 1, eingesetzt werden.
Ein 28seitiger Sonderprospekt „Young Visitors to Britain 1973“, kann bei den Kulturabteilungen aller britischen Konsulate angefordert werden.

Mustervertrag für Au-pair-Mädchen

Einen Europäischen Mustervertrag für Au-pair-Mädchen hat das Ministerkomitee des Europarates jetzt ausgearbeitet. Mit diesem Vertrag soll verhindert werden, daß junge Mädchen, die in ausländischen Familien arbeiten, rechtlich oder sozial benachteiligt werden. In dem Text werden Arbeitszeit, Beschäftigungsart und Taschengeld des Au-pair-Mädchens geregelt. Die Gastgeberfamilie muß Auskunft über die Wohnung, Zahl der Familienmitglieder, Entfernung zum Einkaufszentrum und zur Sprachschule geben.
Wer sich also über seine Rechte im Ausland informieren will, der wende sich an den „Verein für internationale Jugendarbeit e. V.“; 53 Bonn, Poppelsdorfer Allee 27

Auch in München gibt es eine Au-pair-Vermittlung, und zwar:

8 München 2 Goethestraße 9 Telefon: 59 50 06

Sprechzeiten: Montag, Dienstag, Donnerstag, Freitag 9–12 Uhr, Monntag, Mittwoch 13–17 Uhr.

Von Margot Kreuter erschienen im Franz Schneider Verlag
folgende beliebte Mädchenbücher:

Freunde durch ein Zauberwort
Eine Freundschaft auf Probe
... und schreib auch mal!
Zwei im Sommerwind
Für Moni gibt es kein Zurück

Das Buch erschien
unter dem Titel „Illusionen".
Deckelbild: Heidrun Gschwind
Illustration: Bärbel Bös
Textredaktion: Karin Bonow
Schrift: 11/11 Punkt Garamond-Fotosatz
Druck: Presse-Druck
Bestellnummer: 6795

ISBN 3 505 06795 4

MARGOT KREUTER

Freunde durch ein Zauberwort

Im Mittelpunkt des Buches steht wieder die 16jährige Salina, die im Waisenhaus aufgewachsen und vorbestraft ist. Ihre Freunde sind bereit, ihr zu helfen. Gemeinsam fahren sie in die Ferien. Zwischen ihr und Wim bahnt sich eine Freundschaft an, die mit einem reizenden Irrtum um eine Muschel beginnt.